実践　日々のアナキズム

Two Cheers for Anarchism

Six Easy Pieces on Autonomy,
Dignity, and Meaningful Work and Play

実践
日々のアナキズム

——世界に抗う土着の秩序の作り方

James C. Scott
ジェームズ・C.スコット

清水 展 Hiromu Shimizu
訳 日下 渉 Wataru Kusaka
中溝和弥 Kazuya Nakamizo

岩波書店

TWO CHEERS FOR ANARCHISM
Six Easy Pieces on Autonomy, Dignity, and Meaningful Work and Play
by James C. Scott

First published 2012 by Princeton University Press, Princeton.

This Japanese edition published 2017
by Iwanami Shoten, Publishers, Tokyo
by arrangement with Princeton University Press, Princeton
through The English Agency (Japan) Ltd., Tokyo.

はじめに

本書に収められた議論は、私がこれまで農民、階級闘争、抵抗、開発プロジェクト、東南アジア山地で暮らす周縁的な人びとについて書くなかで、長年にわたって構想してきたものである。この三〇年間のうち、ゼミナールで討論したり、文章を書いたりしている時に、「まるでアナキストが議論しているみたいじゃないか」と気づくことが何度もあった。幾何学では、二つの点を結ぶことによって線ができる。しかし、三つ目、四つ目、五つ目の点が同じ線上にくるのなら、この思いがけない一致をもはや見過ごすことはできない。私はこの一致に驚き、今こそアナキズムの古典と運動史を学ぶ時だと決心した。この目的のために、私は学部生向けに大教室でアナキズムの授業を開講し、自分自身の知識を深め、私とアナキズムの関係を見極めようとした。この講義を終えた後の二〇年間は他の仕事を優先してしまったが、その成果をまとめたものが本書である。

私は、革命的変化への希望が打ち砕かれ幻滅に終わったことから、アナキストたちによる国家への批判に関心を抱くようになった。これは、一九六〇年代に北アメリカで政治意識に目覚めた者たちにとって、とてもありふれた経験だ。私たちの世代にとって、一九六〇年代は、民族解放を求めた農民闘争に対するロマンスとも呼べるようなものが高揚した時代だった。私はしばらくの間、この時代のユートピア的可能性に完全に心を奪われていた。私はいくばくかの畏敬の念と、今にして思えば相当な純朴さを抱きつつ、セク・トゥーレに率いられて完全独立を求めたギニアの国民投票や、ガーナのクワメ・エンクルマ大統領による汎アフリカ主義の提唱、インドネシアにおける独立後のいくつかの選挙、私が一年暮らしたビルマの独立と初の選挙、そしてもちろん、革命後の中国における農地改革とインドの総選挙といった出来事を追っかけていた。

私は過去を探求し、また現在進行中の出来事を追うなかで、革命への幻滅を深めていった。本当はもっと早く気づくべきだったのだが、成功した主な革命は、実質的にはすべてが、打ち倒した国家よりもさらに強権的な国家を創出して終わるということがようやく分かってきた。革命が作り出した国家は、本来それが奉仕すべきとされていた住民からより多くの資源を搾り取り、より強力に住民を支配した。この点において、アナキストによるマルクス、とりわけレーニンに対する批判には先見の明があったように思われる。フランス革命はテルミドールの反動クーデターを経て、早熟かつ好戦的なナポレオンの国家に至った。ロシアにおける十月革命は、レーニンによる前衛党の独裁制を経て、クロンシュタットでストライキを起こした船員と労働者――彼らはプロレタリアートである！――の弾圧、集団化、そして強制収容所へと至った。アンシャン・レジーム〔フランス革命以前の絶対王政〕が封建的な不平等に基づいて残酷に統治したならば、革命の記録も同じように陰鬱な読書にうってつけだ。革命的勝利に必要なエネルギーと勇気を生み出した人民の熱望は、長い目で見れば、ほとんど否応なく裏切られてきた。

第二次世界大戦後の出来事でも、革命が世界史のなかで最大の階級である農民にとって何を意味したのかに着目すれば、決して心安らかにはいられない。一九五四年のジュネーヴ協定に基づいて北ベトナムの支配者となったベトミンは、急進農民主義の歴史的な温床であったまさにその地域において、小自作農と小地主の民衆反乱を情け容赦なく弾圧した。中国では、毛沢東が批判者を失脚させ、大躍進政策によって数百万人もの農民を巨大な人民公社と集団食堂†に追いやって破滅的な結末をもたらしたことが明らかになった。研究者や統計学者は、一九五八年から一九六二年にかけての犠牲者数を今も議論しているが、その数が三五〇〇万人を下回ることはないだろう。大躍進政策の犠牲が知られてきた一方で、クメール・ルージュ統治下のカンボジアにおける餓死と虐殺についての身の毛のよだつようなニュースは、農民革命のイメージを完膚無きまでに叩き潰した。

冷戦期における西側陣営の貧困国への政策が、「実在の社会主義」に対抗して希望の見える代替策を提示したわけでもなかった。圧倒的な不平等を放置したまま独裁的に支配する体制や国家は、共産主義に対する闘争の同盟者として歓迎された。この時代に馴染みのある者たちは、この

† 共産主義国家が、労働力の活用を最大化すべく、集団に食事をまとめて提供した食堂。人びとは家庭ではなく、集団食堂で食事をとることを義務づけられた。

時に開発研究と開発経済学という新しい分野が初期の隆盛をみたことを思い出すだろう。革命的エリートは、集産主義の文脈に沿って社会工学の壮大な計画を構想した。それと同じように、開発の専門家も、経済成長をもたらす能力を自負して、トップダウンで政策を実施した。彼らは財産の所有形態を計画的に操作し、物的インフラに投資し、換金作物栽培と土地の市場化を促進し、多くの場合、国家を強化し不平等を増大させた。資本主義が不平等を増大させているという社会主義者からの批判、そして国家がその不平等の保証人であるという共産主義者とアナキストからの批判は、とりわけ南半球の「自由世界」に対して妥当に思われた。

この二つの幻滅は、私にとって、「社会主義なき自由は特権と不正義であり、自由なき社会主義は奴隷制と残忍さである」というミハイル・バクーニンの格言を裏付けるものに思えた。

アナキストの懐疑の眼、もしくはアナキストのように眺めること

私自身は包括的なアナキストの世界観と哲学をもっていない。またいかなる場合にも普遍的法則に則った見方に対して懸念を抱いている。なので、ここでアナキストの懐疑の眼とでもいえるようなものについて説明しておきたい。私が提示しようと目論んでいるのは、アナキストの眼鏡をかけて大衆運動の歴史、革命、日常の政治、そして国家を眺めてみると、他の視点からでは曖昧にぼやけてしまう洞察がはっきりと立ち現れてくるということだ。またアナキスト的な信条は、

アナキズムやアナキストの哲学をまったく知らぬ人びとの熱望や政治行動のなかでも活き活きと脈を打っていることも明らかになるだろう。まず視界のなかに立ち現れてくるのは、ピエール・ジョゼフ・プルードンが初めて「アナキズム」という言葉を使った時に、彼の頭のなかにあったに違いないことがらである。それは、相互性、すなわち階層秩序や国家支配なき協力関係に他ならない。次に、社会的なものごとを学習してゆく際の混乱や即興に対するアナキストの寛容さ、そして自発的な協力関係と互酬性に対する信頼である。ローザ・ルクセンブルクが、少数の前衛党エリートによる決定の英知よりも、労働者階級による誠実な間違いの方を長い目で見れば好ましいと評価したことは、この立場を示している。そして私の主張は、かなり穏健なものだ。アナキストの眼鏡は、他のどれよりも、対象世界の鮮明なイメージといっそうの奥行きを見せてくれると私は考える。

　私は「プロセス重視」のアナキスト的視座、すなわち実践としてのアナキズムとでもいえるようなものを提示する。これに対して、アナキズムの多様性を考慮する読者ならば、当然のことながら私がどの特定の眼鏡をかけるよう提案するのか尋ねるだろう。

　私の言うところのアナキストの懐疑の眼は、政治、対立、論争、それらがもたらす継続的な不確実性とそのなかで学んでゆくことを擁護する。これは、二〇世紀への変わり目にアナキスト思想のほとんどを支配したユートピア的科学主義という大きな潮流を拒否することを意味する。工業、化学、医学、工学、交通における当時の長足の進展という輝きのなかでは、右派であれ左派であれ高度近代主義者たちの楽観が、希少性の問題は原則として解消されたという信念にまでたどり着いたのも不思議ではない。多くの人びとは、科学の進歩が自然の諸法則を解明してきたので、科学的根拠に基づいて生存、社会組織、制度設計の問題を解決する方途がもたらされたと信じた。人間がより合理的になり多くの知識を得れば、科学が私たちにどのように生きるべきかを教えてくれるので、政治はもはや必要なくなるだろうというのである。サン・シモン伯爵、J・S・ミル、マルクス、レーニンなど、まったく立場の異なる者たちでさえもが等しく、いずれは事情に精通した専門家が科学的原則に基づいて統治し、「行政的なるもの」が政治に取って代わる未来社会を構想したものだ。レーニンは、第一次世界大戦時におけるドイツ経済の目覚ましい総動員体制化のなかに、機械が活気よく滑らかに動いてゆくような社会主義の未来社会イメージを思い描いた。国家の実権を握ったドイツの軍国主義者を、プロレタリアート前衛党に置き換え、行政によって政治を不要にしてしまえばよいだけだった。こうした進歩についての展望は、多くのアナキストにとっても、国家を必要としない経済への道筋を示した。しかし、物質的豊かさは政治を解消するどころか逆に政治的闘争の新領域を生み出し、国家社会主義も「行政的なるもの」などではなく、むしろ自らの特権を守ろうとする支配者階級の職能組合だということを、私たちは後に思い知った。

多くのアナキスト思想家とは異なり、私は、国家がいつでもどこでも自由に対する敵であるなどとは信じていない。アメリカ人ならば、一九五七年アーカンソー州リトルロックで、連邦軍へと編入された州兵が、怒り狂った白人の群衆をかき分けて黒人の子供たちを学校へと先導したことを思い起こせば、国家が状況次第では解放的な役割を果たしうることを、容易に理解できるだろう。国家が解放的な役割を果たす可能性は、単にフランス革命による民主的シティズンシップと普通選挙制の確立の結果として生じたものだったとしても、女性、家事奉公人、少数派へと次第に拡大されていったと私は信じる。このことは、国家が時おり人間の自由領域を拡大するかもしれないという可能性でさえも、国家のおおよそ五〇〇〇年の歴史のなか、たかだかこの二〇〇年ほどで生じたにすぎないことを意味する。私は、制度を超える大規模な反乱が下から生じて政治体制の全体を脅かす時にだけ、そのような可能性が時たま実現されるのだと考える。だが、フランス革命の結果、国家は市民に対する直接的な無制限の介入を勝ち取り、国民皆兵制と総力戦もまた可能になった。このように、フランス革命という偉業でさえも陰鬱さに満ちている。

また私は、国家が自由を脅かす唯一の機関だとも考えていない。国家以前にも奴隷制、女性の所有、戦乱、隷属の長く深い歴史があった。国家が成立する以前の社会の特徴について、汚らしく、野卑で、短命とするホッブズとは意見を完全に異にするとしても、「自然状態」が共同財産権、協力関係、平和に満ちた完全無欠の世界だったと主張するわけではまったくない。

最後に私は、富、財産、地位の甚大な不平等を許容し、時には助長しさえもする、ある種の自由至上主義的なアナキズムの系譜からは何としても自分自身を遠ざけたいと思っている。バクーニンが理解したように、不平等が蔓延した条件のもとでは、自由と（小文字の）民主主義は残酷なまがいものにすぎない。深刻な不平等が自発的な合意や交換を単なる合法的な略奪にしてしまうようなところでは、真の自由は存在しない。たとえば、大戦間期の中国で飢饉と戦争によって飢餓が蔓延した時のことを考えてみよう。多くの女性が餓死するか、生きるために子供を売るかという過酷な選択を迫られた。市場原理主義者からすれば、子供を売ることは、とどのつまり自発的な選択であり、それゆえ自由な行為であり、妥当な契約である(合意は守られなければならない)。もちろん、この論理は醜悪なまでに非人道的である。この事例では、状況の強制的な構造が、そのような破滅的な選択を人びとに突きつけたのである。

こうした道徳的な意味をもつ事例は、今日でも見受けられる。国際的な臓器や幼児の売買は、まさに恰好の例だろう。腎臓、角膜、心臓、骨髄、肺、幼児の動きを世界的に追って、タイムラプス(低速度)撮影した地球上の軌跡を想像してみよう。それらはすべて、地球上における最も貧しい国々の最も貧しい人びとから、もっぱら北大西洋の裕福な国々の最も特権的な人びとへと向かって情け容赦なく動いている。ジョナサン・スウィフトの『穏健なる提案』†は、そう的外れでもない。この貴重財をめぐる売買が、世界における生活機会の甚大かつ本質的に強制的な不均衡によってもたらされたものであり、いみじくも「構造的暴力」と呼ばれているものであることを疑うことなどできようか。

ここでの要点は、単純に富、財産、地位の巨大な不平等は、自由をあざ笑っているということである。合衆国において過去四〇年間で生じ、近年になって新自由主義政策を採用した南の発展途上国の多くでもそっくり同じに生じた富と権力の集中と強化は、アナキストが予見した状況を生み出している。まぎれもない経済的な強制力、国家が少数に独占されたのと同様に少数によって支配された市場、メディア統制、政治献金、抜け道の用意された立法措置、選挙区分の再編成、弁護士を使った法知識の利用などによって、政治的影響力へのアクセスは不平等になった。そしてこうした不平等の蓄積は、選挙と立法が、もっぱら既存の不平等をさらに増大させるのを助長してきた。とりわけ二〇〇八年から始まった近年の資本主義の深刻な危機が、ルーズベルトのニュー・ディール政策のようなものを何ら生み出していないことを考えると、既存の制度を通じてでは、自己肥大化していく不平等を減少させるいかなる妥当な方途も見出すことは難しい。民主制度それ自体が、オークションで高値をつける者たちへと提供される商品になってしまったといっても過言ではない。

市場は金銭で影響力を測る一方で、民主主義は原則的には票数を測る。だが実際には、ある程度の不平等になると、金銭は票に影響を及ぼすし、票を凌駕する。どれだけの不平等ならば、民主主義はまったくの茶番になってしまわずもちこたえられるのだろうか。これについて、理性的な人びとは様々な意見をもつだろう。私自身は、けっこう前から「茶番の領域」に入ってしまっ

† 一七二九年出版。アイルランドの深刻な貧困状況を訴え、当局の無策を批判した風刺書。子沢山に悩むアイルランド貧民の赤子を富裕層の食材にすることで貧困と人口問題を解決できると、様々な数値と計算を駆使して主張した。

ている、と見立てている。（市民が自らを債務奴隷として「自発的に」売り渡すことを倫理的に容認する類の）市場原理主義者を除けば、相対的な平等なくしては民主主義が残酷なまがいものになってしまうことは誰の目にも明らかだ。このことは、もちろん、アナキストにとって大きなジレンマである。もし相対的な平等が相互性と自由のための必要条件ならば、国家を通さずにいかにそれを保証できるのだろうか。この難問に直面すれば、国家の廃絶という選択肢を採用できないと、私は理論的にも実践的にも信じている。ホッブズが考えた理由とはまったく違うけれども、悲しいかな、私たちはリヴァイアサン〔国家〕から逃れることができない。課題はそれを飼いならすことだ。だが、その課題も私たちの手には負えないかもしれない。

組織の逆説

アナキズムが私たちに教えてくれることの多くは、改革的であれ革命的であれ政治的変化が実際にはいかに生じるのか、「政治的」であることをいかに理解すべきなのか、そしていかに政治研究に取り組むべきなのかといった問題に関わる。

通常の見解とは反対に、概して組織は抗議運動を推進したりしない。事実、抗議運動ははじめのうちは組織を作り出すものの、やがて組織は抗議運動を飼いならして制度的回路のなかに留めようとする、といったほうがより正確だろう。システムを脅かす抗議活動に関するかぎり、公式の組織は推進要因というよりも阻害要因である。民主的変革の大きな逆説は、まさに大衆的騒乱を避けて平和で秩序立った立法的改革を実現するための諸制度が、その目的の達成に失敗してきたことである。このことはアナキストの懐疑の眼からすれば驚くべきことでもない。こうなる理由は主に、既得権益を代表するほとんどの公式の組織がそうであるように、既存の国家制度が硬直的で支配層の利益に与しているためである。支配層の利益が、国家権力とそれに対する制度的なアクセスを鷲摑みにしているのである。

それゆえ、暴動、財産への攻撃、野放図なデモ、窃盗、放火、公然たる反逆などといった、大規模で組織化されていない反乱が既存の制度を脅かす時にのみ、構造的変化は起こりうる。左派組織でさえも、既存の制度的枠組みのなかにたいてい取り込めるような秩序立った要求、デモ、ストライキを構造的に好む傾向をもつ。そのため左派組織は、組織化されていない反乱を促進したり、ましてや開始して先導したりすることは決してできない。名称、役職、憲章、横断幕、そして内部の統治慣行をもつ反対勢力は、しごく当然のことながら、制度化された闘争を好む。彼らはその専門家なのだ。(1)

アメリカにおける大恐慌、失業者と労働者による一九三〇年代の抗議活動、公民権運動、ベトナム反戦運動、福祉権運動について、フランシス・フォックス・ピヴンとリチャード・A・クロウォードが説得的に示したように、運動が成功と呼べるものを手にしたのは、その最も破壊的かつ対決的で、組織化も階層化もされていない刹那においてだった。(2) 体制は、既存の秩序に対する制度化されていない挑戦がますます拡散していくのを何とか食い止めようとした結果、譲歩を強いられたのだ。反乱者と取引をしようにもそもそも交渉相手となる運動のリーダーがいなかった。譲歩と引き換えに人びとを街頭から退かせられると約束できる者などいなかった。大衆的反乱は、まさに制度的秩序を脅かすがために、反乱を通常の政治的な手順のなかに導いて閉じ込めようとする組織の台頭をもたらす。こうした状況において、エリートは日ごろ見下していた組織に助けを求めることになる。たとえば一九六八年のフランスでは、ジョルジュ・ポンピドゥ首相が、既存の「プレイヤー」であるフランス共産党と交渉し賃金交渉における大幅な譲歩を約束して、学生や〔中央指導部の承認なしに行われる〕山猫ストライキ参加者から共産党支持者を引き離して撤収させようとした。

反乱は様々な驚くべき形で生じるが、どれだけ明確な要求を掲げているかと、民主政治の道徳的な優位性を主張しているか、という二点で分類するのが有意義だろう。奴隷制の廃止、女性の参政権、人種差別の撤廃など、民主的自由の実現や拡大を目指した反乱は、特定の要求を明確に掲げて民主的権利の大義を占有しようとする。では、八時間労働やベトナムからの撤退の実現を目指した大規模な反乱や、より漠然とした新自由主義グローバリズムへの反対運動についてはどうだろうか。これらの事例でも目的は理性的に表現されているが、道徳的な優位性に対する主張はずっと激しい議論にさらされている。一九九九年、世界貿易機関（WTO）をめぐる「シアトルの戦い」で過激派の「ブラック・ブロック」がとった店舗の破壊、警察との小競り合いといった戦略を残念に思うかもしれない。しかし、彼らのほとんど無計画な破壊行為が引き出したメディアの注目なくしては、反グローバリズム、反世界貿易機関、反国際通貨基金(IMF)、反世界銀行を訴えるきわめて広範な運動はほとんど着目されなかったであろう。

対処が最も困難ながら、周縁化されたコミュニティでますます日常的になっている反乱は、しばしば略奪を伴う広範な暴動である。それは一貫した要求や主張をもたず、むしろ怒りと疎外感の未定形の叫びだ。これは明確な要求を掲げておらず、社会の最も組織化されていないセクターから生じてくるために、いっそう脅威に見える。対処すべき要求は何もなく、交渉の相手となる明確なリーダーもいない。統治側のエリートは、多種多様な要求と対峙することになる。二〇一一年の夏の終わりにイギリスで発生した都市暴動に対して、保守党政権はまず鎮圧と即決裁判でもって対処した。労働党の側から主張された代替策は、都市の社会改革、経済の改善、選択的懲罰を混ぜ合わせたものであった。いずれにせよ、この暴動は紛れもなくエリートの関心を集めた。暴動がいかに処理されようとも、暴動がなければ、その背後にあったほとんどの政策的課題は公的議論にのぼることさえなかっただろう。

ここにもまたジレンマがある。大規模な反乱と異議申し立ては、特定の条件のもとでは、改革や革命ではなく、権威主義やファシズムの方へとそのまま進んでいくことがある。これは常に伴う危険だ。だが、それにもかかわらず、制度を超えた抗議運動は、ニュー・ディール政策や公民権といった進歩的で重要な構造変換を実現するための、十分条件ではなくとも必要条件に違いない。

歴史的に重要な役割を果たした政治のほとんどが手に負えぬ反乱という形をとったように、従属階級の歴史のほとんどにおいて、彼らの政治が組織からまったく外れた形をとってきたことも事実だ。歴史的にみて、農民と形成されたばかりの労働者階級の多くが、公式の組織をもったり、公的に意見を表明することはほとんどなかった。彼らは、政治的活動として通常考えられている可視的な範囲の外部で、私が「底流政治†」(infrapolitics)と呼ぶものを絶えることなく実践してきた。国家は歴史的に下層階級が組織化することを妨げてきたし、ましてや公然たる反乱など許しはしなかった。従属的集団にとって、そのような政治は危険であった。おしなべて彼らは、ゲリラのように少数に分かれ、あちこちに分散することで、国家からの報復を回避しやすくなると理解してきた。

底流政治という言葉で私が念頭に置いているのは、だらだら仕事、密猟、こそ泥、空とぼけ、サボり、逃避、常習欠勤、不法占拠、逃散といった行為である。逃避によって同じ目的を達せられるならば、あえて反乱を企てて射殺される危険をおかす必要があろうか。不法占拠によって実質上の地権を確保できるならば、あえて危険をおかして公然たる土地侵犯を行う必要があろうか。密猟によって密かに目的を得られるならば、薪、魚、狩りの獲物への権利を表だって請願する必要もないだろう。このような事実上の自助努力は盛んに行われ、多くの場合、徴兵や大義なき戦争、土地や自然資源への権利などをめぐる、表だっては安全に表明できないが深く共有された集合的見解に支えられていた。こうした小さな行為の数千いや数百万もの積み重ねは、戦争、地権、徴税、財産関係に甚大な影響を与える。だが、政治学者や多くの歴史家が用いる目の粗い網では、従属階級の政治行為を捉えられないし、歴史的に彼らのほとんどが公然たる政治組織をもつ余地などなかったという事実を完全に見逃してしまう。従属階級にとって政治組織をもたぬことは、微視的なレベルで協力し合い、共謀して集団的に行動し、下からの政治変革に取り組むことの妨げにはならなかった。ずっと前にミロヴァン・ジラスが述べたように、

やる気のない数百万もの人びとによる非生産的なだらだら仕事の発生は、「社会主義的」とは見なされないすべての仕事の禁止とともに、すべての共産主義体制が回避できなかった目には見えぬが計り知れないほど甚大な無駄である。(3)

「私たちは働くふりをして、彼らは私たちに支払うふりをした」といった大衆的スローガンにも見られる、こうした不満の表明がソビエト陣営経済の長期的な存続を損なった影響は計り知れない。

階層秩序なき相互性を具現化した非公式の協力、調整、行動の様々な形態は、多くの人びとが

† 通常の政治過程では非可視的な下層階級の政治。「基底政治」と訳されることもあるが、より動態的なニュアンスを表現するために「底流政治」と訳した。

日常的に経験していることである。彼らは、ほんの時たま、国家の法律や制度に対する潜在的もしくは顕在的な抵抗を行う。多くの村落や近隣地域は、まさに非公式かつ一時的な協調のネットワークがあるゆえに機能しているのであり、公式の組織ましてや階層秩序など必要としない。つまり、アナキスト的な相互性の経験はどこにでも見つけることができる。コリン・ウォードが述べたように、「これは未来社会についての憶測などではなく、人間の日常生活の経験に見られるやり方の記述だ。そして、そうした日常生活のやり方は、我々の社会における支配的な権威主義的傾向と並存し、それに逆らいながら実践されているのである」(4)。

過去数百年にわたる国家の存在とその権力の拡張と浸透は、個人や小さなコミュニティが自立して自らを組織化する力を奪ってしまったのだろうか。この大きな問いに対して、私は最終的な答えをもたない。かつて対等な人間同士の相互性と非公式な協調によってなされた非常に多くの役割は、今日では国家によって組織化されているか管理されている。有名なことだが、プルードンはフーコーに先んじてこう述べた。

《統治される》ということ、それは、その資格も、知識も、徳性も……持たない連中によって監視され、検査され、スパイされ、指導され、立法され、規制され、囲いに入れられ、思想教育され、説教され、統制され、見積もられ、評価され、非難され、命令されることを意味する。《統治される》ということは、あらゆる活動、あらゆる取引、あらゆる動きにおいて、記録され、登録され、調査され、課税され、印紙を貼られ、測定され、査定され、賦課され、免許され、認可され、許可され、注記され、説諭され、差し止められ、矯正され、懲戒され、折檻《せっかん》されることなのである。(5)

歴史的にみて、私たちは相互に協力して、国家なしで秩序を作り上げてきた。だが、相互性と協力の能力および実際の活動は、国家をはじめとする公式の階層的組織のヘゲモニーによって、どれほど掘り崩されてきたのだろうか。ホッブズは、リヴァイアサン〔国家〕によって非社会的な利己主義者を飼いならそうとした。だが、国家の拡張と浸透、そして資本主義の経済活動を支える論理は、逆説的にも、そうした非社会的な利己主義者をどれほど実際に生み出してきただろうか。次のように論じることもできよう。自由主義国家における公式の秩序は、根本的には国家に先立つ人びとの相互性と協力の慣習という社会資本に依拠している。だが、国家はそうした社会資本を創出できないだけでなく、実際には破壊している。国家は、自発的な協力関係から自然発生的に生じる独創力と責任意識を、ほぼ間違いなく解体する。しかも新自由主義が称賛するのは、社会よりも個人利益の最大化であり、共有財産よりも個人財産の自由保有権であり、土地(自然)と労働(人間の働く生活)の市場商品化である。たとえば夕日や絶滅しそうな景観にまで潜在的な値段をつけてお金に換算し、かかる費用と得られる便益を分析する。これらはいずれも、社会ダーウィニズムじみた社会的な損得勘定の慣習を助長する。

私は次の問題提起をしたい。私たちは、この二〇〇年間にわたる強い国家と自由主義経済によって飼い慣らされて多くの相互性の慣習を失ってしまい、ホッブズが自然状態に生息すると考えた危険な掠奪者になりつつある、そんな危機にいるのかもしれない。リヴァイアサンは、自身の存在を正当化する理由を自ら生み出してしまったかもしれないのである。

社会科学の実践に対するアナキストの懐疑の眼

アナキスト思想の人民主義的な傾向は、自律性、自己組織化、協力の可能性に対する信念と相まって、とりわけ農民、職工、労働者たち自身が政治思想家であることをしっかり評価した。彼らは自らの目的と価値、そして実践を有している。だが、あらゆる政治システムは、そのことを看過して自らを危険にさらしてきた。国家だけでなく、社会科学の実践も、非エリートが行為主体者であるという事実に対して基本的な敬意を払ってこなかったようだ。たいてい社会科学は、特定の価値、歴史意識、美的センス、政治哲学の基礎でさえも、エリートに由来していると想定する。対照的に、非エリートの政治の分析は、いわば、その陰で時おり行われるのみだ。非エリートの「政治」は、統計的データ、すなわち収入、職業、就学年数、財産、住居、人種、エスニシティ、宗教といった「事実」から読み取られるだけにすぎない。

こうした非エリートの統計的分析は、ほとんどの社会科学者によって、エリート研究にはまったくふさわしくないとされるやり方である。国家統治と左翼権威主義のどちらもが、非エリートの人びとや「大衆」を、社会経済的な特徴を表す数字として処理する点で奇妙にも類似しているのだ。非エリートのニーズと世界観のほとんどは、摂取カロリー、現金、仕事の手順、消費パターン、過去の投票パターンなどの合成ベクトルとして理解可能だというのだ。そのような諸要素が関係ないというのではない。しかし、人びとが自らしていることをいかに認識し、自ら説明するのかに一切耳を傾けることなく、彼らの行為主体者としての行動を理解したとする思い上がりは、道徳的にも科学的にも認められない。もちろん、そのような自己説明が分かりやすいわけではないし、戦略的な省略や隠された動機もあるだろう。彼らの自己説明は、エリートのそれと同様、決して明明白白などではない。

私が理解するに、社会科学の仕事とは、人間の行為について入手可能なすべてのデータに基づいて暫定的に最上の説明を提供することである。その際、精査の対象となっている行為について、行為主体者自身による説明は必須だ。行為主体者自身による状況についての見解を見当違いだとする考えは、ばかげた本末転倒にすぎない。行為主体者による自らの目的や思慮についての説明を無視して、彼らの置かれた状況に関する適切な知識を得るのは、まったくもって不可能である。この点について、ジョン・ダンほど人間行動の現象学をうまく説明した者はいないだろう。

もし私たちが他者を理解したいと望み、実際に理解したと主張するつもりならば、彼らの語りに耳を傾けないのは不謹慎であり無礼だ。……彼(行為主体者)の提示する最上の説明を知らずに、私たちが彼や彼の行為を彼自身よりも理解していると主張することなど当然できやしない[6]。

そのようなことはすべて、歴史を作り上げてきたアクターたちの陰で社会科学の罪をおかすことに等しい。

一つ、もしくは二つのご注意

各章のなかで「断章」という言葉を使うのは、読者が本書に期待し過ぎないよう事前に分かってほしいからである。ここで「断章」とは、「断片的な」と似たような意味を示している。文中におけるこれらの断章は、無傷の壺が地面に落ちて割れてしまった欠片《かけら》やジグソー・パズルのピースのように、再び組み合わせれば元の花瓶や絵画を完全に復元できるといった類のものではない。残念ながら私は、たとえばピョートル・クロポトキン、アイザイア・バーリン、ましてやジョン・ロックやカール・マルクスと比肩しうる、第一の原理から始まって内的に首尾一貫した政治哲学に至るような、丹念に導き出したアナキズムの議論をもたない。もし、私自身をアナキスト思想家と呼ぶための判定条件が、彼らのレベルでイデオロギー的厳密さをもつことならば、私は確実に不合格だろう。私がもちあわせていてここで提供できるのは、国家、革命、平等についてアナキスト思想家たちが言わねばならなかったことを裏付けるであろう一連の洞察である。

本書はまた、それがいかに啓発的になりうるとしても、アナキスト思想家やアナキズム運動を検討するものではない。私はアナキズムに関するほとんどの理論家の著作を勉強したものの、たとえばプルードン、バクーニン、マラテスタ、シスモンディ、トルストイ、ロッカー、トクヴィル、ランダウアーらについての詳細な考察を読者に提示することはしない。また私は、主要な理論家の著作だけでなく、「現存するアナキズム」についてもできるかぎりの文献を読んだが、ポーランドの「連帯」、スペイン内戦のアナキスト、アルゼンチンやイタリアやフランスのアナキスト労働者といった、アナキズムや疑似アナキズムの運動について説明することもしない。

「断章」という言葉には、二つ目の理由がある。それは、ともかく私にとっては、文体と論述の仕方に関する実験のようなものだ。*Seeing Like a State*〔未邦訳〕と『ゾミア——脱国家の世界史』〔みすず書房、二〇一三年〕という私の二つの近著は、多かれ少なかれ、中世の戦争を舞台にしたモンティ・パイソン〔イギリスのコメディーグループ〕風の風刺劇のなかで巧みに作り上げた重厚な城攻め兵器のようなものとして書き上げられた。私は五メートルの模造紙をたくさん用意して概要と図解から書き始め、数千もの注釈と参照を加えていった。この重厚で軽妙さとは程遠い著述の癖を自分自身でも不快に感じているのだとアラン・マクファーレンにふと伝えたところ、随筆家のラフカディオ・ハーンのテクニックについて、そして会話のように始まりずっと直感的で自由な著述方法を教えてくれた。最も印象的で強く関心を捉える核心から書き始め、その核心についてより有機的に詳細を掘り下げていくという方法だ。私は、社会科学の公式を儀礼的に尊重することから自由になり、また自分自身の個性的なスタイルの模索のためにも、さらにはこの本が読者になるべく読みやすくなることを願い、彼の助言に従ってみることにした。それは、確かにアナキストの傾向をもつ本が目指すべきことに違いない。

目次

＊訳者による補足は〔　〕で記した。また、特に説明を要する語には†を付し、見開き左頁に傍注として示した。

第一章　無秩序と「カリスマ」の利用

断章1　アナキスト柔軟体操というスコットの法則

私は一九九〇年の晩夏にドイツのノイブランデンブルクで、この法則を創案した。

ベルリン高等研究所の客員教員として一年を過ごす前に自分の拙いドイツ語を鍛えようとしていたところ、ドイツ文化センターでにきび顔の一〇代の学生と一緒に毎日授業を受けるよりも、農場で働こうと思いついた。ベルリンの壁はたった一年前に崩壊したばかりだったが、東ドイツの集団農場(LPG)——近年では「協同組合」に再編された——で、六週間の夏季アルバイトをできるか調べてみた。すると、ベルリン高等研究所の友人の近い親戚に、プレッツという小さな村で集団農場の長をしている義理の兄弟をもつ者がいると分かった。その義理の兄弟は警戒しながらも、私が仕事を行い毎週多めの下宿代を払うのと引き換えに、快く部屋と食事を提供してくれた。

背水の陣ともいうべき方法でドイツ語を上達させるという計画は完璧だった。しかし、愉快で啓発的な農場訪問という計画は、悪夢のような大失敗だった。村人、とりわけ私のホスト・ファミリーは、私の目的に疑念を抱いていた。集団農場の会計を詳しく調べて「不正」を暴露しようとしているのではないだろうか、社会主義陣営が崩壊した後に土地を賃借しようと偵察しているオランダ農家の先兵ではないだろうか、といった疑念である。

プレッツの集団農場は、社会主義陣営の崩壊がもたらしたものをまざまざと示していた。この農場は、もともと「かたくり粉用のジャガイモ」を栽培することに特化していた。そのジャガイモは、腹をペコペコに減らした豚なら食べたかもしれないがフライド・ポテトには向いておらず、東ヨーロッパで生産される化粧品の原料用に精製してでんぷんを供給するのが利用目的だった。ベルリンの壁が崩壊すると、社会主義陣営で生産された化粧品に対する需要など、真っ先になくなってしまった。でんぷん用ジャガイモの山々が、線路脇で夏日にさらされて腐っていた。

私のホスト・ファミリーは、このひどい困窮状態がこの先もずっと続くのだろうか、そしてそのなかで私がどんな役割を果たそうとしているのだろうか、と懸念した。また彼らは、こうした懸念とは別に、私が拙いドイツ語能力のせいで彼らの小さな農場にいったいどんなトラブルをもたらすのやらという、より切迫した問題を抱えていた。私が豚を誤ったゲートに導いて、近所の畑に入れてしまうのではないだろうか。私が牛用の飼料をガチョウに与えてしまうのではないだろうか。私が納屋で働いている時に、ジプシーがやって来ないようにドアに鍵をかけることをいつも覚えているだろうか。事実、初めの一週間、私は彼らに警戒されるに十分なだけの理由をたくさん与えたし、大声で話せば何とか言語の壁を克服できるかもしれないという空しい望みのもと、彼らは私に向かって叫び続けた。彼らはうわべだけの礼儀正しさを何とか保った。しかし、彼らが夕食時に交わしていた目配せは、彼らの忍耐がすり減ってきたことを表していた。もちろん私の明白な無能力と理解不足は言うに及ばないが、猜疑心に満ちた雰囲気のもとで働くことが私をイライラさせていった。

自分も彼らも正気を保てるよう、私は一週間に一日ノイブランデンブルクという近隣の町で過ごすことを決めた。そこにたどり着くのは容易でなかった。線路の脇で旗を掲げて乗客が待っていることを示さなければ、電車はプレッツで停まらなかった。帰る時にも、車掌にプレッツで降りたいと伝えなければ停まってくれなかったし、その場合も、畑の真ん中で降ろされた。ノイブランデンブルクにたどり着くと、私は街中を歩き回り、カフェやバーを頻繁に訪れた。そして、こっそり小さな辞書で調べつつドイツ語の新聞を眺めたりして目立たないようにした。

ノイブランデンブルクからプレッツに戻って来られる一日一本の電車は、夜の一〇時頃に出発した。それを逃すと、この不慣れな町で浮浪者のように一晩を過ごさねばならない。そのため、少なくとも三〇分前には駅に着こうとした。六、七週間それを繰り返したのだが、興味をそそる同じシーンが毎週のように駅前で繰り広げられた。観察者として、また参加者として、それについてじっくり思案する時間があった。文化人類学者なら私流の参与観察と呼ぶであろうものをするなかで、私は「アナキスト柔軟体操」という着想を得た。

ノイブランデンブルクには、駅の外にこの街の規模からすればとても大きな交差点があった。昼間には、多くの歩行者、自動車、トラックが活気よく行き交っており、それらを規制する信号機があった。しかし、やがて夕方遅くになると、車の往来はほとんどなくなり、今度は夕涼みを求める歩行者の流れが膨れ上がっていった。通常、午後九時から一〇時の間には五、六〇人ほどの歩行者がいて、彼らの多くはほろ酔い気味で交差点を渡っていた。信号は、夕方の大量の歩行者ではなく、昼間の車の往来を規制するように切り替わるタイミングを設定されているようだった。五、六〇人の人びとが、毎回のごとく交差点の角で信号が変わるのを辛抱強く待っていた。四分間、五分間、もしくはそれより長かったかもしれない。それは永遠に続くようにさえ思われた。メクレンブルク平野にあるノイブランデンブルクの地形は、パンケーキのように平らで見晴らしが良かった。交差点からそれぞれの方向をじっと凝視すると、たいてい車道には車の往来がまったくなく一マイルほどを見渡すことができた。ほんの時たま、一台の小型トラバント〔東ドイツの小型乗用車〕が交差点の方へとゆっくり土煙を立てながら向かってくるのみだった。

この光景をのべ五時間ほど観察しているうちに、おそらく二回ほど、一人の歩行者が信号を無視して交差点を渡り始めた。その歩行者は、信号待ちをしている人びとのなかで一斉に生じた非難のざわめきと舌打ちに逆らって歩き続けた。私もこの光景の一員となった。もし、そこで支離滅裂なドイツ語で会話をしてしまっていたら、私は自信をなくしてしまい、待ち受ける人びとの睨みつける視線を恐れて信号が変わるまでじっとそこで立ち尽くしたままだっただろう。逆に、まずありえないことだが、もしドイツ語でうまく会話ができて自信を得ていたら、この状況で道理に適っていない些細な法律に従うのはばかげていると自分自身を励ましつつ、信号を無視して交差点を横断していただろう。

周囲の非難の声と眼差しに逆らって単に通りを横断するだけでも、一体どれほどの勇気をふりしぼらなくてはならないものかと私は驚嘆した。人びとからの非難の圧力に対して、私の合理的な確信はひどく脆く思われた。強い確信を抱いて交差点に向かって大胆に大股で歩き出すことは、より鮮烈な印象を与えた。だが、それをするためには、通常以上の勇気を奮い立たせる必要があった。

自分の行動を正当化すべく、完璧なドイツ語で話せると想像して、ちょっとした言い分を練習し始めた。それは、このようなものだった。「皆さんも分かっているでしょう。あなたたちは、とりわけあなたの祖父母たちは、法を破る精神をもっと行使できていたはずじゃなかったですか。いつの日か、あなたたちは正義と合理性のために、重大な法律を破るよう求められるでしょう。法律を破れるかどうかにすべてがかかっているのです。その時に備えておかなければならないのです。本当にそれが求められる重大な時のために、あなたたちはどうやって準備をしておくつもりなのですか。その日が訪れた時に準備できているためには、しっかり「準備万端」のままでいなくてはならないでしょう。あなたたちには、「アナキスト柔軟体操」が必要です。常日頃から、たかが信号無視だけだとしても、理に適わぬいくつかの些細な法律を破るのです。自分の頭を使って、その法がちゃんと正しく理に適っているのか判断するのです。そうすれば、健康な心身の状態を保つことができ、重要な日が訪れた時に、あなたたちはしっかり準備ができているでしょう」。

それほど害のない信号無視の場合でも、どのような時ならば法を破るのが理に適うのかを判断するには慎重な検討を要する。私は、すでに引退したあるオランダ人研究者の仕事を長らく敬愛してきたのだが、彼を訪れた時にそのことを痛感させられた。当時、彼は毛沢東主義者で文化大革命の支持者だと公言していて、オランダの学界政治における扇動者のような人物だった。彼の家はヴァーヘニンゲンという小さな町にあり、私を近所の中華レストランに招いてくれた。私たちが交差点に差しかかると、信号は赤だった。ヴァーヘニンゲンも、ノイブランデンブルクのようにまったくの平野で、すべての方角を一マイルにわたって見通すことができた。まったく何もやって来ていなかった。当然のように私が道路に歩みを進めたところ、ヴェルトハイム博士は「ジェームズ、待ちなさい」と言った。私は縁石に戻りながら「しかしヴェルトハイム博士、何も来ていませんよ」と弱々しく反論した。彼は「ジェームズ、それは子供にとって悪い見本になってしまうだろう」と即座に言った。私は、怒られて指導されてしまった。彼は毛沢東主義の扇動者であるにもかかわらず、きめ細やかな、言うならばオランダ人の市民的責任感とでもいうべき良識をもっている。他方で、私は自分の行為が同胞市民に与える影響について無頓着なヤンキー・カウボーイだった。今や私は信号無視をする前に、自分の悪い見本によって危険に晒《さら》されてしまうかもしれない子供がいないか、辺りを見渡して確認するようになった。

ノイブランデンブルクでの農場滞在が終わりに近づいた頃、より際立った方法で違法行為をめぐる論争を引き起こしたもっと公共的な出来事があった。地方紙の小さな記事によれば、(公式の再統一からようやく一カ月近く過ぎた頃)西ドイツからやって来たアナキストたちが、ひとつの巨大な張り子の像を平台トラックに積んで、東ドイツで街広場から街広場へと運んでは展示しているということだった。その張り子は、走っている男の輪郭を御影石の塊に彫ったものを模して作られていた。それは、「二つの大戦における無名脱走兵の記念碑」と呼ばれ、「同胞の殺害を拒否した男に捧げる」という言葉が添えられていた。

この偉大なるアナキスト的な意思表示、すなわち、国民の目的をかけた戦いで名誉とともに倒れた無名の「すべての兵士」という、ほとんど普遍的な無名戦士のテーマに逆らった行為に、私は感動した。しかし、つい最近までは東ドイツ(「ドイツの地における最初の社会主義国家」と賞賛された)だった所でさえも、この意思表示は明らかに歓迎されなかった。というのは、進歩的ドイツ人がいかに徹底的にナチス・ドイツの目的を否定したとしても、彼らは献身的な兵士の忠誠と犠牲に対する心からの称賛を抱いたままだった。チェコの〔ヤロスラフ・ハシェクの小説〕『兵士シュヴェイクの冒険』の主人公は、英雄的資質に欠けており、国のために戦うよりも、暖かい火の傍らでソーセージを食べてビールを飲むことを好む。兵士シュヴェイクは、ベルトルト・ブレヒトに

図 1–1　メフメト・アクソイ作「無名脱走兵の記念碑」(ポツダム). Photograph courtesy of Volker Moerbitz, Monterey Institute of International Studies

とって、戦争に対する大衆的抵抗のモデルだったたろう。だが、衰退期の東ドイツの権力者にとって、この張り子は笑えるような代物ではなかった。張り子の像は街々の広場に置かれたが、当局の者たちによってすぐに回収されて破壊された。こうして賑やかな追いかけっこが始まった。マクデブルクから、ポツダム、東ベルリン、ビターフェルト、ハレ、ライプツィヒ、ヴァイマル、カール・マルクス・シュタット(ケムニッツ)、ノイブランデンブルク、ロストックと回りめぐって、最後にはついに当時の連邦首都のボンへと帰ってきた。街から街へと駆け回り、否応なく社会からの注目を挑発的に引き起こしたのは、この活動の発案者がまさに狙っていたことだっただろう。

この大胆な行為は、ベルリンの壁崩壊から二年ほど興奮した雰囲気が続くなかで助長され、伝播した。すぐにドイツ中の進歩主義者とアナキストたちが、自分たちの町々で脱走兵に捧げる何十もの記念碑を作った。

これまで臆病さと裏切りに結びつけられてきた行為が、名誉であり、真似すべきことであるとさえもち上げられたのは、大きな意味がある。服従という価値にドイツがおそらく最初に公然と異議を突きつけ、また通常はマルティン・ルター、フリードリヒ二世、ビスマルク、ゲーテ、シラーに捧げられていた街の公的広場に脱走兵への記念碑を設置する行為がドイツ中で拡散したのは、それほど不思議ではなかった。ドイツは非人道的な目的に奉仕するなかで、愛国主義のために確かに非常に高い代償を払ったのだから。

脱走兵に捧げられた記念碑は、概念的かつ審美的な挑戦だった。ドイツ中で脱走兵のために建立されたいくつかの記念碑は、永続的な美術的価値をもつ(図1-1)。そのうちのひとつ、ハンナ・シュツッツ・メンゼルによってウルムで作られた像は、少なくとも、こうした危険な不服従行為が人びとを奮い立たせることを示している。

断章2 不服従の重要性について

不服従行為は、この例のように、模範的なものとなって人びとの模倣を助長し、反応の連鎖を引き起こす時にとくに興味深い。そのような時、臆病や良心、あるいはその両方に基づく個々の行為は、圧倒的な政治的影響をもちうる社会現象へと変わる。小さな拒否行為は、数千数万倍に積み重なっていき、最終的には将軍や国家首脳が思い描いた計画をまったくの台無しにしてしまうかもしれない。そうした小さな不服従行為が、大きなニュースとしては取り上げられることはまずない。しかし、何百万ものサンゴのポリープが明確な計画をもたぬままサンゴ礁を作り上げるように、何千もの不服従の行為や義務の回避は、経済的あるいは政治的な防波堤を作り上げる。沈黙という二重の陰謀が、こうした行為を匿名のうちに覆い隠す。不服従を行う者たちが自分らへの注目を求めたりすることはまずない。彼らの安全は、非可視性にかかっているからである。役人の側としても、不服従の程度が高まっていることに注目が集まることは避けたい。そうしてしまうと、より多くの人びとの不服従行為を助長することになり、役所の支配がいかに脆いのか暴露されてしまう危険があるからだ。こうした奇妙な共謀のもたらす沈黙のために、不服従の実践は歴史的記録にほとんど残らない。

だが、私がかつて「日常型の抵抗」(everyday forms of resistance)と名付けたこのような行為は、体制、国家、軍隊に対して暗黙のうちに働きかけ、甚大でしばしば決定的な影響を与えてきた。アメリカ南北戦争における南部連合国の敗北が、不服従と脱走の膨大な積み重ねによって引き起こされたことはほぼ間違いない。一八六二年の秋、内戦が始まって一年あまりが過ぎた頃に、南部で広範な凶作が生じた。兵士のなかで、とりわけ奴隷を所有していない内陸部から来た者たちは、窮乏した家族から家に帰るように促す手紙を受け取った。そして何千何万もの兵士が、しばしば部隊まるごと、武器を手にしたまま脱走して家へと帰っていったのだ。彼らのほとんどは、内陸部へ戻ると戦争継続のために課された徴兵に強く抵抗し、再び戦場に戻ることはなかった。

そして一八六三年の冬、ミッショナリー・リッジの戦いで北軍が決定的な勝利をおさめると、南軍では敗北の雰囲気が立ち込め、またしても内陸部の小自作農兵士によるまさに大脱走が生じた。彼らは、とりわけ戦闘で命を失いそうな状況では、奴隷制を存続させることに直接的な利益を見出せなかった。彼らの態度は、当時の南部連合国で盛んに人びとが口にした「金持ちの戦争で貧乏人が戦う」という民衆的スローガンに要約されている。二〇人以上の奴隷をもつ豊かな農園経営者は、奴隷を規律的に労働させるために息子の一人を家に留めておけたので、このスローガンはいっそう説得力をもった。徴兵年齢に適した一〇〇万人の男性のうち、合計すると、おおよそ四分の一が徴兵を完全に忌避するか、戦争から逃げ帰るかした。兵員数の点ですでに劣勢に立たされていた南軍への痛手は、これだけではすまなかった。かなりの数の奴隷が、とくに南北の境界に近い諸州から北軍戦線へと逃れ、その多くが北軍へと入隊した。さらに、南部の州に残った奴隷も、北軍の前進に活気づけられ、また戦時の増産のために酷使されることを嫌って、できるだけ仕事の手を抜いた。また、バージニア州とノース・カロライナ州の境界沿いにある湿地帯グレート・ディズマル・スワンプなど、容易に追跡されぬ場所へと頻繁に逃げ込んだ人びともいた。目立たぬよう発見されぬように行われた幾千もの脱走、怠け仕事、失踪といった行為は、北軍の兵員数と産業的な優位性を拡大し、南軍の最終的な敗北に決定的な役割を果たしたといえよう。

ナポレオンの侵略戦争も、これと匹敵するような不服従の波によって最終的に頓挫した。(1) ナポレオンの兵士が、フランス革命を背嚢〔軍用のバックパック〕に入れて背に担ぎ、他のヨーロッパ諸国に広めていったと言われている。だが逆に、背嚢を背負わされた兵士の不服従が、この侵略戦争の遂行に深刻な限界を突きつけたと主張することも可能だ。一七九四年から一七九六年にかけての共和国下で、また一八一二年からのナポレオン帝国下において、田舎から徴集兵を募るのは困難を極めた。家族、村、地方役員、小郡の全体が共謀して、脱走してきた兵士を温かく迎え入れた。そこでは、右手の指の一本、またはそれ以上を切断して徴兵を完全に忌避した者たちも匿ってもらえた。徴兵忌避と脱走の割合は、体制への支持を示す国民投票のようなものだった。この国民投票で、ナポレオンの兵站将校にとって戦略的に必要だった兵士という「〔逃〕足をもっている投票者」が不支持を突きつけたことは決定的だった。第一共和国とナポレオン帝国の市民は、普遍的市民権の約束を熱心に支持したかもしれないが、その論理的な双子である国民皆兵制にはそれほど夢中にならなかった。

ここでしばらく立ち止まって、こうした行為の特徴について、じっくり検討しておく必要がある。それらはきまって匿名で、自らを主張することはない。事実、彼らの慎み深さが、行為の有効さに寄与している。軍の司令官に真っ向から立ち向かう公然たる反乱とはまったく異なって、脱走は公的な主張を掲げないし、声明も発表しない。声を上げるのではなく、出てゆくのである。それにもかかわらず、多くの兵士が脱走したと分かると、司令官は徴集兵を当てにできないかもしれないと気がつき、彼の野心は挫かれる。アメリカでは不人気なベトナム戦争で、部下が命の危険を伴う危険なパトロールを繰り返し命じた上官に向かって手榴弾を投げつける「上官殺し」という行為が報告された。これは、より劇的で暴力的な例だが、やはり匿名の行為だったし、徴集兵からすれば戦争で死ぬリスクを減らした。上官殺しに関する報告を受け取った上官は、それが真実かどうか分からなくとも、自身と部下を危険な任務に志願させることをためらったに違いない。私の知るかぎり、上官殺しの実際の発生件数について、ましてやそれが戦争の遂行と終了に与えたであろう影響について調べた研究はない。この事例においても、沈黙の共謀は互恵的だ。

農民とサバルタン階級†にとって、沈黙のまましばしば共謀して行う匿名の違法行為や不服従が歴史的にみて望ましい政治行動だったのは、もっともなことだ。彼らにとって、公然たる反抗はあまりにも危険すぎるからである。一六五〇年から一八五〇年までの二世紀にわたって、王領地や私有地から木材、獲物、魚、薪、飼料などをくすねるのは、イギリスで最も一般的で人気のある犯罪だった。私が「一般的で人気のある」という言葉を使うのは、最も頻繁に行われたということと、庶民から最も熱心に支持されたということを示したいからである。農民は、森林、小川、荒れ地・湿地・牧草地といった空き地における「自然からの自由な恵み」に対して、王や貴族の主張した財産権を決して認めることはなかった。そのため農民は、こうした財産権をこぞって繰り返し侵害し、多くの地域で支配層による財産権の主張を形骸化させた。しかし、財産権をめぐ

† 支配層と被支配層のヘゲモニー闘争にも参加できない疎外された従属的社会集団。

ることの大きな争いは、実際には、公的な宣戦布告なきまま、人目を忍んで下から行われた。村人は自分たちのものだと信じる土地への権利を、公的な要求を掲げぬまま、実際、大胆にうまく行使したようだ。よくある説明によれば、地域住民同士がしっかりと共謀したため、猟場番人は国家のために証言する村人をほとんど見つけられなかったという。

財産権をめぐる歴史的な闘争のなかでは、支配層と被支配層は相手の防塞を攻撃するにあたって、彼らに最も適した武器をそれぞれ用いた。支配層は自らの財産権を確立し、防衛するために、警察、猟場番人、森林管理人、裁判所、絞首台は言うにおよばず、国家の立法機構を支配して囲い込み、土地の権利証書、自由保有権などを保障する法案を成立させていった。農民とサバルタン集団は、そうした「重火器」を用いることができなかったので、代わりに密猟、こそ泥、不法占拠といった技法を駆使して、支配層に対抗し、自らの要求を主張した。たとえば逃亡のような控えめで匿名の「弱者の武器」は、同じ目的を得ようとするあからさまな公的挑戦とは際立って対照的だ。逃亡は反乱よりも、不法占拠は土地強奪よりも、密猟は木材、獲物、魚への公然たる権利主張よりもリスクの低い代替策である。今日の人びとの大半にとっても、歴史的なサバルタン階級にとってはなおさら、こうした技法は唯一実践できる日常的な政治の形態だった。それらがうまくいかなくなってしまった時に、暴動、謀反、反乱といったより死に物狂いの公然たる戦いが生じた。そうした権力への競り合いは、突如として公式の記録に入り込み、歴史家や社会学者の愛する公文書のなかに跡を残すことになる。彼らは資料を漁って、より包括的な階級闘争の視点から公然たる戦いに不相応なほど重要な役割を与えるものだ。静かで控えめな日常の不服従は、たいてい公文書の探索レーダーの目をかいくぐる。運動の旗印を振りかざすことはないし、専従活動家〔幹部〕はいないし、宣言書を書かないし、常設の組織をもたないため、注目をすり抜ける。注目の回避こそ、こうしたサバルタン政治を実践している者たちがまさしく考えていることだ。歴史的に、農民とサバルタン階級の目的は、公の記録に収められないようにすることだったといえよう。彼らが公文書に登場した時には、すでに状況がそこまで悪化してしまっていたのだ。

匿名の抵抗という小さな行為から大規模な大衆反乱まで、サバルタン政治のとてつもなく幅広い領域を見ようとすると、ほとんどの場合、より危険な公然たる反乱が発生する前に、脅迫状、放火やその脅し、牛傷害†、だらだら仕事、夜間の機械破壊といった匿名の脅威や暴力の頻度が増していることに気づく。地方の支配層と役人は、こうした行為が公然たる反乱の前兆となることを歴史的に知っていた。また、その実行者も、彼らの行為がそのように理解されることを企図していた。支配層は、不服従の頻度と「脅威レベル」(アメリカ合衆国国土安全保障省の言葉を拝借した)を、大衆による死に物狂いの政治的混乱が起きる事前の警告として理解した。若きカール・マルクスは初期の論説のひとつで、ラインラントの工場労働者が経験した失業および賃金下落と、私

† 一九世紀のアイルランドで、プロテスタントのアイルランド国教会の課す十分の一税に反発して、カトリック教徒が支配層の家畜を傷つけた。

有地での薪泥棒に対する起訴件数の頻度との間に相関関係があることを詳細に記した。

こういった違法行為の類は集合行為の特異な亜種だと私は考えるが、通常はそのように認識されない。よくある集合行為のように公然たる要求を掲げないし、ほとんどいつも利己的なのが、その大きな理由だ。密猟者が薪と獲物に対する権利を貴族と争うことよりも、実際に手に入る温かな火とウサギのシチューの方を大切に思っているかどうかは、誰にも分からない。密猟という行為を公的に説明して歴史家の理解を助けることなど、密猟者の知ったことではない。薪と獲物をしっかり得るためには、自らの行動と動機をうまく隠し続けておかなくてはならない。さらに、こうした違法行為が長期的に成功するためには、近隣の住民同士による共謀的な社会関係が重要だ。それは、友人や近隣の人びとも森林の恵みに対する権利を信じて密猟しているし、どんな状況でも当局の証人になったり密猟者を突き出したりするはずがないという期待に基づいている。

共謀の実質的な効果を得るために、実際の謀議を行う必要があるわけではない。革命的前衛や群衆の暴動よりも、かつて「アイルランドの民主主義」と呼ばれた、数百万もの人びとによる沈黙の粘り強い抵抗、職場放棄や脱走、反抗の方がこれまでより多くの体制を、少しずつ屈服させてきた。

断章3　さらに不服従について

暗黙の協調や匿名の違法行為は、集合行為に伴う不便さや危険を回避しつつ、同様の目的を達成することができる。そのことを理解するために、制限速度の実施について考えてみよう。制限速度は時速五五マイルだと想定しよう。おそらく交通課の警察は法的に違法であるにもかかわらず、時速五六、五七、五八……六〇マイルで走っている車の運転手を捕まえようとしない。この「許容された不服従の空間」は、まるで奪取し占拠した領土のようなものであり、交通車両の多くはすぐに時速六〇マイルくらいで移動するようになる。時速六一、六二、六三マイルならどうだろうか。事実上の制限速度を時速一、二マイル超えている運転手は、まず大丈夫だろうと推論する。たとえば時速六〇マイルから六五マイルの速度も、すぐに勝ち取られた領土になりそうである。そして時速六五マイルで走っているすべての運転手は、ほぼ同じ速度で移動している他の車によって包み込まれているかぎり、捕まらないですむ。「運転手の中央委員会」なる会議や、市民的不服従の壮大な企てなどないにもかかわらず、ここで行われている観察と暗黙の協調から、伝染効果のようなものが生じる。もちろん、速度がどんどん上がっていけば、どこかの時点で交通課の警察が介入し、罰金を科して逮捕する。そして、その介入のパターンは、運転手がどれだけの速度で運転するかを決める際に考慮すべき計算要素となる。しかし、許容される最高速度への圧力は、急いでいる運転手によっていつも試されており、もし何らかの理由で法の実施が緩めば、許容される速度の領域は拡張してその緩みは満たされるだろう。どんな比喩もそうだが、この比喩も度を越して使うべきではない。制限速度を超えることは、たいてい利便性に関する問題であって、権利や不満に関する問題ではなく、速度違反者にとって警察に捕まる危険は相対的に些細なものにすぎないからだ(逆に、たとえば全国を管轄する交通警察官がたった三人しかいなくても、彼らが時速五五マイルの制限速度を破った五、六人の速度違反者を即座に処刑して州間高速道路に沿って吊るすならば、私が描写してきた動態は軋みをあげて止まるであろう!)。

「近道」として始まった通りが、しばしば最終的には舗装された歩道になっていく過程にも、同様のパターンを見出せる。人びとが、直角三角形の舗装されていない斜辺ではなく、舗装された歩道のある二辺を遠回りして歩くことを余儀なくされている日常的な歩行パターンを想像してみよう。おそらく、幾人かの人びとが思いきって近道の斜辺を通り始め、それが禁じられなければ、他の人たちも時間を省くために通りたくなるような道ができるだろう。もし、とても多くの人びとがこの近道を通るようになり、用地の管理人も比較的寛容ならば、この近道はやがて舗装されるだろう。ふたたび沈黙の協調である。小さな居住区から成長した古い都市におけるほとんどすべての小道は、もちろんまさにこうして作られた。それらは、井戸から市場へ、教会や学校から職人街へと、毎日のように人びとが歩いた跡と荷車が通った轍《わだち》が公式のものになった結果に他ならない。荘子の言葉とされる「道はこれを行きて成る」(道行之而成)は、そのことを示す良い例だ。

実践から慣習へ、それからさらに法的権利へという進展は、慣習法と実定法の双方で受け入れられるパターンである。アングロ・アメリカの伝統だと、これは所有権の取得時効法として認められている。財産の侵害や獲得が一定の形のまま、ある程度長期間にわたって繰り返されると権利主張の根拠になり、法的保護を得られるというものである。フランスでも、長期間にわたる財産侵害の実践は、慣習として認められ、証明されれば法的な権利を確立しうる。

権威主義的支配のもとにいる被支配者は、自らの大義を擁護する代表を選挙で選出することも、デモ、ストライキ、組織化された社会運動、反体制メディアといった公式の抗議手段を用いることもできない。そのため彼らが、だらだら仕事、サボり、密猟、泥棒、そして最終的には暴動といった手段に頼らざるをえないことは明らかだろう。確かに、こうした異議申し立ての仕方は、議会制民主主義の諸制度や、表現と集会の自由が近代的市民に与えられた後では時代遅れである。結局のところ、議会制民主主義の主要な目的とは、民主的多数派の要求を、いかに野心的なものであっても、完全に制度化された方法で実現させることなのだ。

民主主義のこの偉大な約束がほとんど実現されていないのは、残酷な皮肉だ。一九世紀、二〇世紀に行われた偉大な政治改革は、ほとんどの場合、非常に多くの市民的不服従、暴動、違法行為、公的秩序の崩壊、そして極端な場合には内戦といった出来事の後に生じた。こうした騒動は劇的な政治変動を伴っただけでなく、しばしば政治変動を引き起こす決定的な役割を果たした。残念ながら、経済不況や国家間の戦争などによってもたらされた不可抗力がなくては、代表制の諸制度とそれを通じた選挙だけで重要な変革を引き起こすことはほとんどないようだ。自由民主主義諸国では、財産と富が集中し、最も裕福な層が、その優位な地位を使って、メディア、文化、政治的影響力への特権的アクセスを享受している。その結果、かつてグラムシが述べたように、労働者階級に投票権が付与されても急進的な政治変動が生じなかったのは、まったく不思議ではない。(2)通常、議会政治の特徴は重要な変革を促進することよりも、現状を固定化することにある。

この評価がおおむね正しいならば、違法行為と秩序崩壊が民主的変化に寄与するという逆説に、私たちは正面から向き合わなくてはならない。二〇世紀のアメリカを取り上げてみれば、一九三〇年代の世界恐慌と一九六〇年代の公民権運動という、二つの重要な政策改革が適切な例である。これら二つについて最も印象的なのは、大規模な混乱と公的秩序に対する脅威が改革の過程で決定的な役割を果たしたことだ。

失業手当制度、大規模公共事業、社会保障支援、農業調整法といった重大な政策変更がようやく実現したのは、世界恐慌という緊急事態があったからに他ならない。ただし、その政治的圧力を生み出したのは、経済的な緊急事態における所得や失業の統計的データではなく、財界と政界のエリートをひどく恐れさせた激しいストライキ、略奪、賃料の支払い拒否、ほとんど力ずくによる救援物資配給所の包囲、そして暴動といった行動の頻発だった。こうした騒動は、私の母ならば「神への畏れ」と呼んだであろうものを、財界と政界のエリートに突きつけた。その時エリートたちは、ともすれば革命まで引き起こすかと思われた動乱に、身の毛もよだつような恐怖を抱いた。しかも、この動乱はまずもって組織化されていなかった。つまり、この動乱はそもそも政党、労働組合、組織的な社会運動などによって展開されたわけではなく、また何ら理路整然と集約された政策課題ももたなかった。むしろ、まったく組織化されておらず、無秩序であるという点で、確立された既存の秩序に対する脅威に満ちていた。そして、まさにこの理由によって、交渉に応じて、政策の変更と引き換えに平穏をしっかり取り戻すと約束する者もいなかった。その脅威の程度は、制度化の欠如と直接的に比例した。労働組合や進歩的な改革運動など、制度的機構へと組み込まれている組織となら交渉して取引もできただろう。しかし、通常のストライキとはまったく異なって、山猫ストライキは労働組合の幹部でも止めさせられなかった。いかに巨大だろうと指導者のいるデモと、暴徒と化した群衆とではまったく違うものである。群衆には首尾一貫した要求もないし、交渉相手もいないからだ。

大規模な闘争と動乱の自然発生をもたらし、公的秩序を脅かした最大の原因は、それまで幸運にもまだ職にありつけていた人びとまでも、急激な失業の増加と賃金率の下落に直面したことにあった。慣行化された政治を支えてきた通常の条件が、突如として失われた。統治の慣行も、組織化された反対勢力や代表制の慣行も、ほとんど意味を失った。日常的慣行からの逸脱は、個人のレベルにおいて浮浪、犯罪、破壊行為といった形をとった。集合的には、暴動、工場の占拠、暴力的なストライキ、激昂したデモなどに見られる自然発生的な反抗として表れた。こうした大恐慌によって解き放たれた社会勢力が、様々な改革の急速な進展を可能にしたのだった。社会勢力のうねりは、政治エリートや資産家だけでなく、とりわけ重要なことに労働組合や左翼政党でさえ統制できなかったようだ。エリートは、無理やり改革に着手させられたのである。

かつて私の頭脳明晰な同僚が、一般に西洋における自由民主主義は、もっぱら富と収入の観点から上位二〇パーセントを占める人びとの利益のために運営されていると分析した。彼によれば、この仕組みを円滑に維持する秘訣は、とりわけ選挙の時期に、収入分布における次の三〇から三五パーセントの人びとに、この最も豊かな二〇パーセントを羨むよりも、最も貧しい五〇パーセントの人びとを恐れるように仕向けることにある。この企てがそれなりに成功していることは、五〇年以上にわたって収入格差が継続し、近年いっそう激化しつつあることで確認できる。この企みが破綻するのは、人びとの怒りが通常の回路からあふれ出して、定式化された政治を作用させる枠組みそのものを脅かす危機的な状況においてである。慣行化され制度化された自由民主主義政治の残酷な事実は、急激かつ切迫した危機が貧者を街頭へ飛び出させるまでは、彼らの利益をほとんど無視することだ。マーティン・ルーサー・キング・ジュニア牧師が述べたように、「暴動は声に耳を傾けてもらえぬ者たちの言葉なのである」。貧困層にとって、大規模な騒乱、暴動、自然発生的な反抗は、常に最も効果的な政治的手段であり続けてきた。そうした反乱行動に、構造がまったくないわけではない。それは公式の政治制度の外側で、非公式かつ一過的に自己組織化された近隣や職場、家族のネットワークによって構造化されている。これは修正して制度化された政治に取り込めるような類のものでは決してないが、なかなかよくできた構造だ。

自由民主主義諸国は、その諸制度を通じて、より不遇な市民にとって決定的に重要な経済的・社会保障的利益をしっかり保護することに歴史的にずっと失敗してきた。おそらく、これは自由民主主義諸国の最も深刻な失敗である。むしろ制度的枠組みの外側における大きな混乱こそが、民主的な発展と刷新をもたらすようだ。この事実は、制度化を通じて平和裏に変革を実現するという民主主義の約束と著しく矛盾する。民主政治の理論は、危機と制度的破綻こそが重要な社会・政治的改革を促進するにあたって中心的な役割を果たし、政治システムの正統性回復に寄与したことを、まったく理解していない。

大規模な挑発が、いつも、あるいは一般的に、重要な構造的改革をもたらすと主張することは誤りであろうし、事実、危険でもあろう。逆に、それらは抑圧の強化、市民権の制限、極端な場合には代議制民主主義の崩壊さえもたらしかねないだろう。それにもかかわらず、大きな混乱と、それを封じ込めて元に戻そうとするエリートの慌ただしい対応なくしては、多くの重要な改革が着手されなかったことも否定できない。非暴力主義に基づいた法と民主的権利の訴えによって道徳的優位性を追求するような、より「礼節にかなった」様式の集会やデモを真っ当なものとして好む者もいるだろう。だが、そうした好みにかかわらず、礼節にかなった平和的な要求が、構造的な改革を開始させることはほとんどなかった。

労働組合、政党、そして急進的な社会運動さえも、それらの働きは、野放図な抗議や怒りをまさに制度化することにある。これらの機能とは、怒りや憤懣、痛みなどを、政策決定と立法の基礎となりうるような集約された政治的プログラムへと翻訳することだと主張する者もいよう。こうした組織は、野放図な大衆と政策決定を行うエリートをつなぐ伝達ベルトだというのである。

ここには、労働組合、政党、社会運動が十分な働きをすれば、立法府によってたいてい政策化できる政治的要求を形成するだけでなく、その過程で、反抗的な大衆の利益をもっともらしく代弁し政策決定者へと伝えることで、彼らの大部分を規律化し統制するだろうという暗黙の想定がある。政策決定者がこうした「翻訳の諸制度」と交渉するのは、それらが代表していると称する選挙民から忠誠を得て彼らを統制できるだろうと考えるからである。そのため、この種の組織化された利益集団は、それらが代表していると標榜する大衆の自発的な反乱に寄生しているのだといっても過言ではない。大衆の反乱が生じるような危機においてこそ、支配エリートはそれを何とか統制して通常の政治過程に流し込もうと尽力するので、組織化された利益集団は何らかの影響力を得られるのである。

もうひとつの逆説は、次のようなものだ。そうした危機には、組織化された進歩的な利益集団は、反乱を起こした大衆を今度は十分に規律化して矯正し、通常の政治過程に取り込むことができるとの推定に基づいて、自らが主導も統制もしていない反乱に乗じて一定の存在感と影響力を得る。もし組織化された進歩的な利益集団がこの取り込みに成功すれば、彼らが台頭するきっかけとなった反乱は衰退して政策に及ぼす能力も弱まるので、この逆説はいっそう深まる。

おおむね同様の現象は、一九六〇年代の公民権運動において、分離政策を行う南部に連邦投票登録制が速やかに導入され、投票権法が議会で迅速に可決されたことにも見出せる。有権者登録運動、フリーダム・ライド運動†、座り込み抗議の広範な広がりは、非常に多くの中心的人物たちが実践した独創力と模倣の産物だった。この一連の反乱は、様々な団体による組織化の試みをまったく受け付けず、協調の努力さえ巧みにかいくぐった。全米黒人地位向上協会、人種平等会議、南部キリスト教指導者会議といった長い歴史のある主流の公民権運動はもとより、学生非暴力調整委員会といった、この目的のために設立された多くのアド・ホックな団体も、一連の反乱を組織化できなかった。ほとばしるような社会運動の熱狂、自発性、独創性は、それらを代表し、調整し、制度化された回路に流し込もうとする組織の遥かに前方を走っていた。

ここでもやはり、おもに人種分離主義者たちの自警団と公権力による暴力的な反発によって引き起こされた広範な騒乱が、南部のほとんどで公的秩序の危機を生み出した。拡大する暴動とデモを抑え込もうとしたジョン・ケネディとロバート・ケネディの奮闘によって、長年にわたって棚上げされてきた法案が突如として議会をすばやく通過した。南部の暴力のためにアメリカが人種差別国家だと見なされかねないという、まことしやかな冷戦期のプロパガンダ合戦の文脈によって、彼らの決意は強固になった。大規模な混乱と暴力は、平和的な組織化とロビー活動が一〇年にわたって達成できなかったことを、すばやく成し遂げた。

私は本章を、ノイブランデンブルクにおける信号無視というきわめてありきたりな例から書き

† 黒人と白人のグループが南部行きのバスの座席に並んで座り、人種区別を公然と破った非暴力の抵抗運動。一九五六年の暮れに連邦最高裁判所が南部の人種分離法に違憲判決を下したにもかかわらず、差別が継続したことへの異議申し立てだった。多くの者が逮捕され、白人至上主義者にも襲撃された。

始めた。その目的は、自己利益のために、まして数分を節約するという小さな理由のために、違法行為を促すことではなかった。むしろ私の目的は、自動的な服従という根深く染み込んだ習慣が、よくよく考えてみれば、ほとんどすべての人にばかげたことだと分かる状況をいかにもたらしうるのかを例証することだった。実際、過去三〇〇年における重要な解放運動はすべて、警察権力をはじめ、人びとを包囲して苦しめる法的秩序と大胆にも対決するものとして始まった。少数の勇敢な者たちが、座り込み抗議、デモ、可決された法案に対する大規模な違反などによって法律や慣習を率先して破らなければ、解放運動の拡大はありえなかっただろう。憤慨、憤懣、憤怒によって活気づけられた破壊的な行動は、彼らの要求が既存の制度的・法的な枠組みのなかでは満たされないということを見事に露呈させた。このように進んで法を破る彼らの気持ちに内在したのは、無秩序と混乱の種を播き散らしたいという欲求ではなく、むしろより公正な法的秩序を創出しようとする強い衝動だった。現在の法治主義が、かつてよりも寛容で、解放的であるというのであれば、私たちはその恩恵を過去の法律違反者たちに負っている。

断章4　広告「リーダーがあなた方の導きに喜んで従うつもりで、支持者を求めています」

暴動と反乱は、声なき者の声を知らしめる唯一の手段ではない。特定の条件のもとでは、エリートや指導者が、声なき者の伝えようとする希望や不満に関心を払うことがある。カリスマの事例を考えてみよう。誰かがポケットに一〇〇ドルをもっている、誰かが車庫にＢＭＷをもっていると言うのと同じように、誰かがカリスマをもっていると言うことはよくある。ただし、実際にはカリスマは、聴衆や観衆、文化との関係性に完全に依拠している。スペインやアフガニスタンにおけるカリスマ的パフォーマンスは、ラオスやチベットではこれっぽっちもカリスマ的でないかもしれない。言い換えれば、カリスマは応答、すなわちパフォーマンスを目撃している者たちとの共鳴に依存している。ある特定の状況のもとで、エリートは聴衆や観衆の反応を引き出し、彼らに受ける言葉を探し出し、自らのメッセージを彼らの希望や好みと調和させ共鳴させようと一生懸命に努力する。まれに、そんな相互作用を現場で実際に目撃することができる。マーティン・ルーサー・キング・ジュニア牧師のことを考えてみよう。キング牧師は、ある種の人びとにとって、おそらく二〇世紀のアメリカで最も強いカリスマをもった政治的な著名人だ。テイラー・ブランチは、キング牧師とその運動に関する情感のこもった詳細な伝記を執筆した。そのおかげで、聴衆に受ける言葉を探し求めるキング牧師の試みが、アフリカ系アメリカ人教会のコール・アンド・レスポンスの伝統のなかでうまくいった様子を、私たちはその場にいたかのように理解できる。一九五五年一二月、ローザ・パークスに対する有罪判決が出て、モンゴメリー・バス・ボイコット運動が始まる前夜†、ホルト・ストリートＹＭＣＡで行われたキング牧師の演説に

† 一九五五年一二月一日、アラバマ州モンゴメリーで、ローザ・パークスは、市営バスで白人優先席に座った。彼女は、白人に席を譲るよう指示した運転手に従わなかったとして警察に逮捕された。

関するブランチの描写を、長くなるが以下に抜粋しよう。

「今夕、私たちはとても重要な問題のためにここに集っている」。彼は、拍子をそろえて抑揚をつけながら、語り始めた。間合いを取ると、聴衆のなかからわずかに一、二人が「そうだ」と応じたが、残りの聴衆は静かだった。「ローザ・パークスは良き市民だ」と彼は語ったので、聴衆の叫びが重なってもよい場面であったが、彼らはキング牧師が次に何を語るのかを、じっと待っていた。

「私は法的な権威のもとに話そうと思う。いやいや、私には法的権威などはないのだが。……それにこの分離法が正しいのかまだ解明されてもいないし」。この部分は、キング牧師が注意深い話者だったことを示しているが、聴衆の心には響かなかった。「誰もが、彼女の優れた人柄を疑うことはできない。誰もが彼女のキリスト教徒としての献身の深さを否定できない」。

「その通りだ」と静かに同調する声が響いた。

「彼女は立ち上がることを拒否したために、たったそれだけのために逮捕された」と、キング牧師は繰り返した。キング牧師の話すスピードが少し上がるにつれて、群衆はうごめき始めた。

牧師は、やや長めに間を取った。

「友よ、分かっているだろう。時は来るのだ」。彼は叫んだ。「人びとが抑圧という鉄の足に踏みにじられることに耐えられなくなる時が」。

わずか数秒のうちに、突如として一人ひとりの反応が爆発的な喝采と拍手のうねりとなり、「そうだ」という声が一斉に彼に返ってきた。驚くような音が、いつまでも引かない波のように押し寄せて渦のようになり、そのうなりがついに弱まるであろうかと思われたちょうどその時、教会の外に集まっていた大勢の群衆から津波のように声が押し寄せ、さらに音量を押し高めた。この歓声に落雷のような低音が加わった。木の床を足で踏みならす音である。その音は、耳で聞こえるというよりも、肺の振動によって知覚できるほどまでに高まった。途方もない音は、建物を揺り動かし、消え去ることがなかった。牧師の一言が熱狂を解き放ち、黒人教会のコール・アンド・レスポンスを、単なる政治集会を飛び越えて、キング牧師も未だかつて経験したことのない何かへと導いた。ついに茂みのなかに潜む大きなウサギを撃ち当てたのだ。喧騒がようやく静まった時に、キング牧師の声が轟き、再び火を吹いた。「友よ、時は来るのだ。我々が、絶え間ない絶望とわびしさのなかで屈辱の奈落の底へと突き落とされ続けることに耐えられなくなる時が」。彼はこう宣言した。「時はやって来るのだ。人びとが生き生きとした七月の輝く日の光から追い出され、アルプスの一一月の身を切るような寒さの只中に立ち尽くすことに耐えられなくなる時が。時は――」。キング牧師は新しい言葉を続けようとしていた。しかし、聴衆の反応が彼を圧倒した。その轟く声が、キング

図 1–2　キング牧師の最後の演説(テネシー州メンフィス，1968 年 4 月 3 日).
Photograph from blackpast.org

牧師が聴衆の琴線に触れたことへの反応として出てきたのか、そのようなレトリックを容易に紡ぎ出すことができる牧師の天賦の才から単に生み出されたのか、誰にも分からないだろう。キング牧師は、「私たちはここにいる。なぜなら、もう耐えられなくなったからだ」と繰り返した[3](図1－2)。

ここでブランチが生き生きと描き出したパターンは、この演説における残りの部分や、その他のほとんどの演説でキング牧師が繰り返したものである。カリスマとは、一種の絶対音感のようなものだ。キング牧師は、それらの演説のために、いくつもの主題と、比喩のレパートリーを発展させてゆく。彼は強力な応答を感じ取ると、熱狂を維持し、それをさらに高めようと、同じ主題をすこし異なる方法で繰り返すことで盛り上げていく。キング牧師のレトリカルな創造力と同じくらい印象的なことに、彼の演説は聴衆の最も深い心の奥にある感情と希求とに共鳴するような正しい音調を見つけ出すことにとことん依拠している。キング牧師を、黒人キリスト教徒コミュニティ、公民権運動、非暴力主義抵抗の代弁者として長期的な視座から見てみよう(それらはそれぞれ若干異なる聴衆である)。すると、上昇気流に乗って飛び立つようなキング牧師の雄弁に酔いしれているだけに見える聴衆が、いかにゆっくりと時間をかけて、彼の演説を生み出すのを助けたのか理解できよう。聴衆は、演説に応答することによって、生き生きとした感情的つながりを生み出す主題、キング牧師が彼独特の方法で敷衍《ふえん》して練り上げていくであろう主題を選び取った。聴衆と共鳴した主題は成長していき、ほとんど反応を呼ばなかった主題はキング牧師のレパートリーから落とされた。すべてのカリスマ的行為と同じように、それは二声からなるハーモニーだった。

カリスマの鍵となる条件は、ていねいに注意深く耳を傾け、それに応答するということだ。そして、注意深く耳を傾けるためには、聞き手が聴衆に対してある程度依存するという一種の権力関係が必要である。強大な権力のひとつの特徴は、周りの声を聞かなくてもよいということだ。ピラミッドの底辺には、たいてい頂点にいる者たちよりもより良き聞き手がいる。奴隷、農奴、分益小作人、労働者、家事手伝い者にとって、日々の生活をより良く生きることができるかどうかは、強者の機嫌や希望を正確に読み取れるかにかかっている。他方で、奴隷所有者、地主、上司は、しばしば従属者の希望を無視できる。それゆえ、気配りのきいた傾聴の態度を促す構造的な条件が、カリスマを生み出す関係にとってきわめて重要なのである。キング牧師が気配りのきいた深い傾聴の態度をもてたのは、彼がモンゴメリー・バス・ボイコット運動を率いるように求められており、黒人コミュニティが熱狂的に参加するかどうかに、その成功がかかっていたからである。

こうしたにわかには信じがたい「演説原稿の作られ方」が、いかに他の文脈でも通用するのかを、例証しつつ説明してみよう。次の様子を想像して欲しい。中世の市場で歌をうたい音楽を奏でて生計を立てる一人の吟遊詩人がいる。彼は街の貧民居住区で演奏し、多くの聴衆のなかからもらう一、二枚の銅貨で日々を暮らす「大衆向け」の演奏者である。そして、彼は一〇〇〇曲もの歌のレパートリーをもっており、新しくその街にやって来たばかりだ。

おそらく、その吟遊詩人は自分のレパートリーのなかから適当に選んだ歌か、以前に訪れた街で愛された歌から演奏し始めるだろう。彼は来る日も来る日も聴衆の反応を観察し、その日の終わりに帽子のなかに入っていた銅貨を数える。聴衆は彼に歌をリクエストするだろう。その吟遊詩人が自分の利益にさとければ、やがて彼は間違いなく聴衆に好まれた曲と主題に自らの演奏を狭めていくはずだ。特定の歌は、彼のその街でのレパートリーから抜け落ち、その他の歌は繰り返し演奏される。キング牧師の聴衆が徐々に彼の演説内容を形作っていったのとほとんど同じように、聴衆は彼らの好みと欲求に従ってやがて吟遊詩人のレパートリーを作り上げるだろう。この骨組みだけのような物語には、常に新たな主題を作り出して発展させようとする吟遊詩人や雄弁家の想像力も、また聴衆の好みの変化も考慮されていない。しかし、カリスマ的関係における本質的な相互性を十分に例証している。

譬え話として用いたこの吟遊詩人の物語は、中国の文化大革命の時に農村部へと送られた一人の学生の実際の経験とそれほどかけ離れたものではない。彼はきゃしゃな体格で、村人の利益になる何ら特別な技術ももち合わせていなかった。そのため、生産に何ら貢献しないばかりか、喰わせねばならぬ口が増えたとして、彼は当初村人から深い憤慨の対象になった。自分たちの食料も足りていなかった村人たちは、ほとんど、あるいはまったく食べ物を学生に与えず、彼は次第にやせ細っていった。だが彼は伝統的な民話を数百も知っており、それらを夜遅くに朗唱したところ、村人が好んで聴いていると気がついた。村人は、夜ごとの彼の朗唱を続けさせようとして、配給だけでは餓死しかねないので軽食を足して与えた。学生の朗唱した物語は、まさに文字どおり彼の命を救ったのだ。しかも、先ほど用いた架空の吟遊詩人の例と同じように、彼のレパートリーは、耳を傾ける農民の好みに沿うように次第に変わっていった。彼のいくつかの物語は村人たちの興味を引かず、食料も与えられなかった。だが、村人たちはいくつかの物語を大変好み、何度も何度も朗唱を頼んだ。彼は文字どおり夕食のために歌ったが、まさに思いどおりに歌を決定したのは村人たちだった。後に個人商売と民間市場が許可されると、彼は市場の近辺で、より多くの聴衆に向けて物語を朗唱した。ここでもやはり、彼のレパートリーは新たな聴衆に適応していった。(4)

政治家も、動乱期になってかつて有効であった主題が有権者の共鳴をほとんど呼べなくなると、何とか票を得ようと身を低くして世論の動きにより注意深くなる。吟遊詩人やキング牧師のように、何が有権者の心を揺さぶって彼らの支持と熱狂をもたらすのか見極めようとするのだ。大恐慌が始まった頃、フランクリン・ルーズベルトがアメリカ大統領選挙に向けて行った最初の遊説運動は、その顕著な事例である。遊説運動を始めた時、ルーズベルトはむしろ保守的な民主党議員で、急進的な約束や主張をしそうな人物ではなかった。しかし、(下半身麻痺の障害のため)列車で各駅に寄りながら遊説運動を続けるうちに、彼の手持ちの演説は進化し、より急進的で包括的なものになっていった。ルーズベルトと彼の演説起草者は矢継ぎ早に仕事を進めた。演説に対する聴衆の反応を見て、それぞれの聴衆の状況に合わせて演説内容を少しずつ調整しながら、新しい主題、新しい言い回し、新しい主張を遊説先の駅から駅で試していった。前例のない貧困と失業の時代において、ルーズベルトは希望と支援の約束を求める聴衆に直面し、その遊説は次第に彼らの希望を取り入れたものになっていった。遊説活動の最後には、彼の口述の「綱領」は、当初のものと比べて、はるかに急進的なものになっていた。あちこちの駅に集った聴衆たちの反応がより合わさって、まさしく、彼の演説を彼の代わりに書いたのだった(あるいは「選び出した」と言うべきだろう)。変容したのは単に演説内容だけではなかった。今やルーズベルト自身が、自分こそが絶望的な状況にある数百万もの同胞の希望を体現していると考えるようになったのである。

こうした下からの影響が機能するのは、一定の状況においてのみである。もし吟遊詩人が、部屋と食事を与えられるのと引き換えに、地方君主を讃える歌を歌うべく雇われているのであれば、そのレパートリーはまったく異なるだろう。もし政治家の命運が、世論に応えるのと同じくらい、世論を形成しようとする巨額の献金に左右されるならば、彼らは草の根の住民にほとんど関心を払わないだろう。未だ権力を手にしていない社会運動や革命運動は、すでに権力を得た運動よりも、しっかりと草の根の聴衆に耳を傾けそうである。最も強大な権力をもつ者たちは、聴衆の好みや希求に応えて歌を歌う技を学ぶ必要はない。すなわち、ケネス・ボールディングが述べたように、「組織(あるいは国家)が、より大きく権威主義的であればあるほど、その最上位の意思決定者は純粋に想像上の世界のみで活動する可能性が高い(5)」。

第二章　土着の秩序と公式の秩序

断章5　土着と公式、二つの「知る」方法

私は、コネティカット州の内陸部にあるダーラムという小さな町に住んでいる。この町の名は、より大きくて有名なイギリスのダーラム市にちなんでいる。残してきた景観への郷愁のためか、あるいは想像力の欠如のためなのか、コネティカット州のほとんどの町の名は、イギリスの地名をそのまま流用している。ネイティブ・アメリカンがつけた地名は、かろうじて湖や川、州の名に残っているくらいである。植民地主義の事業は、ほとんどいつも、土地に対する権利を主張し、また植民者にとって土地を馴染み深く分かりやすくするために、地名を変更していく。アイルランド、オーストラリア、パレスチナのヨルダン川西岸地区ほど異なった状況でも、古くからの土着の言葉を消しさろうとする試みのなかで、土地の名は徹底的に変えられてきた。

例証のために、地元で使われる土着の道の名と、公式の道の名について考えてみよう。私の住

むダーラム町と、一六マイルほど南にある海辺のギルフォード町をつなぐ道がある。私たちダーラムの住民の間では、その道を行けば必ずたどり着く場所を示して、それは「ギルフォード・ロード」と呼ばれる。だが、この同じ道は、その終着点のギルフォードでは、その道を進めば必ずたどり着ける場所を示して、当然のように「ダーラム・ロード」と住民に呼ばれている。この道の両端の中間に住む人びとは、彼らがどちらの方向に進むかによって、それを「ダーラム・ロード」か「ギルフォード・ロード」と呼ぶと想像できよう。人びとのいる場所によって同じ道が二つの名をもつということは、土地の人びとによる名付けの実践が状況的かつ偶然的な性格をもつことを示している。それぞれの土着の地名は、生活に役立つ在地の知、すなわち「その道がどこに向かうのか」という、人びとが最も知りたいと思うであろうひとつの事柄を記号化している。土地の人びとによる名付けの実践は、二つの名をもつ一つの道だけでなく、同じ名をもつ数多くの道をも生み出す。それゆえ、キリングワース、ハダム、マディソン、メリデンといった近隣の町には、地域の人びとが「ダーラム・ロード」と呼ぶ、それぞれダーラムへと向かう道がある。

　こうした土地それぞれのやり方は、地域の人びとには有効である。しかし外部からやって来て、それぞれの道に定められた唯一の名前を必要とする者には、どうにも解決できない問題を突きつけることがある。たとえば「ダーラム・ロード」にできた穴を直すために派遣された州道補修作業員は、「どのダーラム・ロードなんだ」と尋ねるだろう。それゆえ、州の地図とすべての公式の標識で、ダーラムとギルフォードをつなぐ道が「ルート77」に生まれかわっているのは驚くべきことではない。国家による名付けの実践は、全体的な見取り図を必要とする。それは、それぞれに独占的な名前を付して網羅的に名付けることで、標準化し識別化してゆく企画なのだ。ルート77といった道の名は、それがもはやどこにたどり着くのかをすぐには伝えない。ルート77の意味は、すべての国道が掲載された道路地図を広げた時にのみ、はじめて理解できる。ただし、公式の道の名は決定的に重要にもなりうる。もし、ダーラムとギルフォードをつなぐ道で自動車事故に遭って重傷を負ったら、どうするだろうか。国家の派遣する救急隊に対して、自分が出血多量で死にかけているのはルート77だと、一切の不明瞭さを排して明確に伝えたいだろう。

　土着の名付けと公式の名付けの計画は、多くの文脈で互いにぶつかり合う。地域で与えられた通りや道路の名は、在地の知を記号化している。たとえば、(五人の年取った未婚姉妹がかつて住み、毎週日曜日に一列になって教会へと歩いた)メイデン《未婚女性の》・レーン《小路》、(かつて果樹園がありリンゴ・ジュース工場が建っていた丘へと続く)サイダー《リンゴ・ジュース》・ヒル・ロード、(かつて乳製品製造所があり、近隣の住民が牛乳、クリーム、バターを買った)クリーム・ポット《容器》・ロードなどである。その地名が定着するようになった時、それはおそらく地域の住民にとって最も適切で都合のよい名前だったのだろう。ただし、その地名はよそ者と新参者を当惑させたであろう。他には、ミカ《雲母の》・リッジ《尾根》・ロード、ベア・ロック《岩肌》・ロード、ボール《玉石の》・ブルック《小川》・ロードといった地形的な特徴を示す道の名もある。土着の名が自らのなかに記号化している物語、地形の特徴、出来事、家業などに馴染みがあれば、ひとつの小さな地域における道や土地の名の集合は、郷土の地理や歴史とほぼ同じものを示している。これらの名前は、地域住民にとっては豊かで意味深いが、よそ者にとっては、たいてい意味不明である。超域的に働く計画者、収税官、交通管理官、救急隊員、警察官、消防員は、見取り図的に認識しやすい、より高位の秩序をはるかに好ましいと思う。好きなようにやらせれば、彼らは順序立てられて名付けられた並行に走る道(ファースト・ストリート、セカンド・ストリート)と、方角に沿った道(ノースウェスト・ファースト・ストリート、ノースイースト・セカンド・アヴェニュー)が交差する格子状の秩序を作り上げていくだろう。ワシントンDCは、そのような合理的計画のとりわけ見事な例である。対照的に、ニュー・ヨークは異種混交的な一例である。ウォール・ストリート(当初存在したオランダ人居住区の外壁を示す)の南部では、道の形状と名前が絡み合っており、その多くが古い歩道に由来している点で、この都市は「土着的」である。ウォール・ストリートの北部は、いくつかの例外を除いて順番に名付けられた道が直角に交差する、分かりやすく見取り図のようにデカルト的簡潔さをもつ格子状の都市である。中西部のいくつかの町は、順番に名付けた通りの単調さを避けるために、かわりに歴代大統領の名にちなんで通りを名付けた。これが分かりやすいかといえば、クイズ番組のファンにしか魅力がないだろう。彼らは、いつ「ポーク」、「ヴァン・ビューレン」、「テイラー」、「クリーブランド」通りが現れるか知っている。これは教材としてなら何らかの意味があろう。

土着のやり方で行われる計測は、目前の目的のために必要とされる程度に正確である。それは、「塩ひとつまみくらい」、「石を投げて届くくらい」、「藁ひと山くらい」、「叫べば聞こえるくらい」といった表現で示される。土着の規則は、多くの目的を達するにあたって、より厳密に見えるシステムよりも的確だと証明されるかもしれない。ここで適切な例として、〔ネイティブ・アメリカンの〕スクゥアントが、ニュー・イングランドの白人入植者に対して未知の作物トウモロコシをいつ植えるかについて与えた助言を取り上げてみよう。言い伝えによれば、彼は「オークの木の葉がリスの耳の大きさに育った時に、トウモロコシを植えよ」と入植者に伝えたという。これとは対照的に、一八世紀の農民の暦は、典型的には、たとえば「五月最初の満月の後」や、特定の日を明示して作物を植えるように指示した。この暦の発行者は、何よりも作物を台無しにしてしまう霜を恐れて、慎重過ぎるぐらい慎重になったのだと考えられよう。それでもなお、暦の助言はやはり融通性に欠ける。内陸部とは異なり、海辺に近い農場ではどうだろうか。丘の北側の日当たりの悪い農場や、より高地の農場ではどうだろうか。暦の普遍的な規定は、多様な地域にほとんどうまく適用できない。他方で、スクゥアントのやり方は、様々な地域にもうまく適用できる。リスとオークの木があって、それらを観察できれば、どの地域でもうまくいく。土着の観察は、オークの葉の成長を左右する地温と深く相互に関連づけられていることが分かる。暦は普遍的な時間の測定と月の満ち欠けに依拠する。これに対してスクゥアントのやり方は、常に順番に生じるが、年によって早かったり遅かったり、長引いたりすぐに終わったりする一連の春の出来事に対する綿密な観察に基づいている。

断章6　公的な知と管理の風景

ある種の名付け、風景、建築、作業手順の計画がもつ秩序、合理性、抽象性、見取り図的な認識のしやすさは、階層秩序の権力に寄与する。私は、それらを「管理と割当の風景」と考えている。簡単な例をあげると、永続的に父の姓を引き継いでいくという名付けは、ほとんど普遍的な方法だが、国家がそれを住民の識別に便利だと見出すまでは世界中のどこにも存在しなかった。この名付け方は、徴税、裁判所、土地所有制、徴兵制、犯罪捜査の普及、すなわち国家の発達とともに広まっていった。今日では、国民総背番号制、身分証明用の写真、指紋、ＤＮＡ鑑定が、新たな監督と管理の手段となっているが、この名付け方はそれらと同じ目的のために発明された。こうした技術が発明された結果、国家は予防接種を供給するのと同じくらい容易に、体制の敵を一網打尽にできる一般的な能力を手にした。こうした技術は、それらが果たそうとする目的に対してまったく中立的なまま、知と権力を集権化した。

その土地に根ざした職人的生産は、分業制によって工業製品の組み立てラインへと置き換えられた。分業制のもとでは、計画を立てる技術者だけが全体の労働過程を管理し、現場の労働者は取り替え可能な「手」となる。工業製品の組み立てラインは、いくつかの製品を職人的生産よりも効率的に生産するかもしれないが、作業工程における権力をライン管理者へと間違いなく集中させる。だが、機械による完全な制御というユートピア的な管理の夢は、実現不可能だった。なぜならば、単に労働組合が干渉しただけでなく、それぞれの機械には個々のクセがあり、その特定の〔切削加工を行う〕フライス盤や、〔金型で加工する〕プレス機について現場の経験に根ざした知をもつ労働者がその知ゆえに不可欠だったからだ。組み立てライン上でさえ、在地の知は生産の成功に必須であった。

　生産の統一性に重大な関心がよせられ、はっきりとその目的のために整えられた状況下でほとんどの仕事がなされる場所では、支配の程度はきわめて強力になりうる。たとえば、T型フォードの組み立てや、さらに言えばマクドナルドにおけるビッグマックの製造がそうだ。マクドナルドでは、フランチャイズ店の細部に至るまで、資材と作業過程に対する中央からの管理を最大化するように、あらゆる配置が計算され尽くされている。つまり、それぞれの地域を担当する監督者はチャート表を手に点検にやって来て、設計そのものに組み込まれた手続きに従ってフランチャイズ店を評価することができる。冷却機は統一されており、その場所も指定されている。揚げ物用の機器、オーブン、清掃と点検管理の手続き、包装紙なども同様だ。完璧なマクドナルド・フランチャイズ店と完璧なビッグマックというきわめて観念的な形態は、中央の本部で構想され、建築様式、配置、訓練へと組み込まれて設計される。そうすることで、チャート表上の採点でもって、その理想にどれだけ近づいたかを評価できるようになる。その内在的な論理において、フォード主義的な生産とマクドナルドの規格は、エルンスト・フリードリヒ・シューマッハーが一九七三年に述べたように、「人間をも含めた生きた自然界の予測のしにくさ、時間的不正確さ、移り気や強情といったものに対する反逆である[1]」。

過去三〇〇年を、管理と割当という標準化された公式の風景による、土着の秩序への勝利として理解するのは決して言い過ぎではないだろう。この勝利が、国家をはじめとする巨大な階層的組織の台頭と歩調を合わせてやってきたのは、まったくもって理にかなっている。失われてしまった土着の秩序の膨大なリストは、私たちをひどく動揺させるだろう。私はここで、そうしたリストのほんの最初だけをあえて提示し、もし読者が望むのであれば、その続きを補うよう誘ってみたい。国民の標準語が、様々な土着語に取って代わった。商品化された土地の自由所有権が、地域の複雑な土地利用実践に取って代わった。計画されたコミュニティと近隣地区が、計画されずに育まれてきた古くからのコミュニティと近所付き合いに取って代わった。大きな工場と農場が、職人的生産と小規模な混作農業に取って代わった。標準化された名付けと識別の実践が、地方における無数の名付けの慣習に取って代わった。国家の法律が、地域の慣習法と伝統に取って代わった。灌漑と電気供給の巨大計画が、地域に適した灌漑設備と燃料の採取に取って代わった。そして、管理と割当に対してそれなりに耐えてきた風景も、階層的な調整を促進する風景に取って代わられた。

断章7　土着的なるものの柔靭な反発

ある種の目的を達成するにあたって、強制的な調整という巨大な近代的計画は、最も効率的で公平だし、要求を満たす解決手段になりうる。そのことに疑いの余地は一切ない。宇宙開発、巨大な交通網の計画、航空機の製造、その他のどうしても大規模になる企てが、少数の専門家によって絶えず微調整され続ける巨大な組織を必要とするのは、もっともだ。疫病や汚染を抑制するためには、専門家が数百もの報告部署から送られてくる情報を分析する中枢機関を必要とする。だが、こうした近代的計画は、理解できぬほど複雑で制御不可能な自然や人間の特質に遭遇すると、問題が生じ、時に壊滅的な影響を与える。

その典型的な例は、ドイツの地で一九世紀後半に発明された「科学的」林業や、様々なプランテーション農業を苦しめてきた問題だ。科学的林業の発案者は、領地における薪と木材の販売から得られる歳入を最大化しようと目論んだ。そして、土壌の性質次第でノルウェイトウヒもしくはスコットランド松がヘクタールあたり最大の木材量を供給するだろうと考えた。この目的のために、彼らは混合林を伐採して単一樹種を一斉に(作物の列のように)真っ直ぐに植えた。木々を容易に検査でき、決められた時期に伐採でき、標準化された木(Normalbaum)から統一化された木材を生産できる、そんな森林を作ろうとしたのだ。ほとんど一世紀近くにわたって、この計画は素晴らしく上手くいった。そして、その後は失敗した。一番はじめに植林してから収穫するまでの一巡は、混合林が土地に蓄積させてきた土壌資本から明らかに恩恵を得ることができた。だが、混合林に取って代わった単一樹種の森林は、土壌を補充できないことが分かった。この単一樹種の森林は、何よりも、ノルウェイトウヒとスコットランド松を好んで食い荒らす害虫、サビ病、カイガラムシ、枯れ病にとって正真正銘のご馳走だった。しかも、すべての木が同年齢の森林は、巨大な嵐や風によってきわめて被害を受けやすかった。科学的林業は、森林をひとつの商品装置として単純化しようとする努力によって、森林の多様性をひどく損なった。多様性の喪失は、余分なものを剝ぎ取られた森林で、木の種類からあらゆるレベルへと波及した。昆虫、鳥、哺乳類、地衣類、苔、菌類、微生物一般において、それぞれの種の貧困化が繰り返されたのである。科学的林業の計画者は、緑の砂漠を作り上げてしまい、自然は反逆した。わずか一世紀と少しで、科学的林業を有名にした者たちの後継者は、今度は「森林死」(Waldsterben)という言葉を作り出し、「森林の回復」を同様に有名にした(図2-1)。

ヘンリー・フォードは、T型フォードの成功とそこから得た予想以上の富に自信を深めて、車の製造から熱帯におけるゴムの木の生産へと事業を展開した。だが、彼もまた同様の問題に直面した。彼は、アマゾン川の支流に沿って、ほぼコネティカット州と同じくらいの大きさの広大な土地を購入し、「フォードランディア」を作ろうと着手した。もし成功すれば、このプランテーションは近い将来、すべてのフォード車にタイヤを装着できるほどのゴムを供給するはずだった。

図 2-1　科学的林業(リトアニア). Photograph © Alfas Pliura

だが、この計画は紛れもない大失敗になってしまった。ゴムの木は、アマゾン川流域における自然の生育環境では、途方もなく多種多様な木々の間のあちこちで育つ。ゴムの木が多様な種のなかでたくましく育つ理由のひとつは、自然の生育環境では、ゴムの木を好んで荒らす病気の流行や害虫の繁殖を妨げるほど十分な間隔が木々の間にあるからだ。ゴムの木は、オランダとイギリスによって東南アジアに移植されたが、病気と害虫というおまけがもち込まれなかったがために、プランテーション形式でも比較的うまく生育した。しかし、アマゾン川流域で集中して列状に植えられると、三連の接ぎ木(台木の上に幹と上部の接ぎ穂を接ぐ)という大胆で費用をかけた努力にもかかわらず、二、三年のうちに様々な病気と虫害にかかってしまった。

単一の目的のために計算されて人工的に建設された〔ミシガン州にあるフォード社の〕リバー・ルージュ自動車工場では、工場内の環境は困難を伴いつつも制圧することができた。だが、ブラジルの熱帯では、それをできなかった。数百万ドルを投資し、運営方法を数え切れぬほど変更して再計画を実施し、そしてついに従業員が暴動を起こした後に、ヘンリー・フォードはブラジルにおける冒険を諦めた。

ヘンリー・フォードは、専門家が最高のゴムの木と判断したものから始めて、その品種に適合するように環境を作り変えようとした。この論理を、そのまったく逆のものと対比させてみよう。所与の環境から始めて、そこに最も適した栽培品種を選ぶ、といったやり方だ。アンデスにおける慣習的なジャガイモの耕作は、そうした土地に根ざした職人的な耕作の良い例である。高地のアンデスでジャガイモを育てる農民は、一五もの小さな一筆の畑を輪作システムで耕作しただろう。それぞれの畑は、その土壌、高度、太陽への方向、風向き、湿度、斜度、耕作の歴史〔これまで何を植えてきたのか〕などの点で異なっている。「標準の畑」など存在しない。アンデスの農民は、それぞれ異なるよく知られた特徴をもち、その地域で育まれてきたとても多くの在来種のなかから植えるものを選ぶ。そして、一筆の畑のあちこちに一つから一ダースもの品種を植えてゆき、ひと続きの用心深い賭けを行う。それぞれの季節は、収穫量、病気、価格、畑の状況といった直前の季節の結果を注意深く考慮しながら行う一連の新たな試みの機会である。これらの畑は、豊かな収穫量、大きな適応性、確実性をもった市場志向型の実験場だ。それらは、ただ作物を産出するだけではない。それと同じくらい重要なことに、作物を植えて育てる能力、融通のきく戦略、生態学の知識、そして自らに対する自信と自律性をもった農民とコミュニティを生み出し、再生産している。

アンデスで科学的農法が普及していった論理は、アマゾンにおけるヘンリー・フォードのプランテーションに似ている。まず科学的農法は、ほとんどの場合、産出量の点から定義された「理想的な」ジャガイモを構想することから着手する。次に、植物科学者は、その望ましい性質に最も近い遺伝子型の交配に取りかかる。その遺伝子型は、それが繁殖するのに最も適した条件を特定すべく、実験農地で育てられる。そして、普及事業の主要な目的は、新たな遺伝子型の潜在能力を発現させるために、農民がもつ農地の環境そのものを全体的に作り変えることである。そのためには、窒素肥料、除草剤、殺虫剤、特別の土壌調整、灌漑、栽培のタイミング(植え付け、水やり、除草、収穫)が必要となろう。予想されるように、いくつもの新たな「理想的」栽培品種はたいてい三、四年のうちに害虫や病気が追いかけてきて失敗してしまい、新たな理想的ジャガイモに取って代わられる。そして、このサイクルが再び始まる。ヘンリー・フォードがリバー・ルージュ工場で作業環境と労働者を標準化したように、科学的農法の論理は、それが成功しているかぎりでは、畑を標準化された畑へと、農民を標準化された農民へと変えていく。組み立てラインと単一栽培は、その存立条件として、土地に根ざした職人と多様な土着の風景をともに屈服させることを必要とする。

断章8　無秩序な都市の魅力

多様な環境でこそ最も繁栄しそうなのは、植物だけではない。人間の性質も同様に、狭隘な画一性を避けて多種多様性を好むようだ。

二〇世紀初めの五〇年間は、近代主義者による都市計画の絶頂期だった。この時、土木工学の勝利、建築技法と資材の革命、都市生活を刷新しようとする政治的野心が、互いに結びついて西洋中の都市を作り変えようと目論んだ。この野心において、近代主義者の都市計画と、科学的林業と農業プランテーションとの間には家族的な類似性以上のものがある。それらは、視覚的な秩序と、機能の分離を強調した。後にも改めて言及するテーマだが、ユートピア的な計画者は、視覚的に「荘厳な直線」、直角、彫刻的な規則正しさを好んだ。空間的レイアウトに関して、実際すべての計画者は、住宅地、商業地、オフィス街、歓楽街、官公街、式典の広場といった都市活動の異なる領域間を厳格に分離することを好んだ。プランナーにとって、こうした分離がなぜ都合よかったのかは、容易に理解できよう。都市では、非常に多くの小売店が途方もない数の顧客を相手に商売をしているが、それは定式化された計算方法のようなものに還元される。その計算方法に基づいて、一店舗あたり何平方フィート、一陳列棚あたり何平方フィート、どれほどの計画された交通網が必要なのかが計測される。住宅地であれば、(標準化された)家族あたり、どれくらいの居住空間、どれくらいの太陽光、どれくらいの水、どれくらいの台所空間、どれくらいの電源コンセント、どれくらいの近隣の遊び場が必要なのか計算される。機能の厳格な分離は、計算方法における変数を最小化するので、計画しやすく、建築しやすく、維持管理しやすく、監視しやすく、そして見た目が美しく心地よいと彼らは考えた。単一の使用目的を目指す計画は、標準化を促進した。対照的に、こうした方法を用いて複雑で多目的な街を計画しようとすれば、それは悪夢のような取り組みになっただろう。

こうした都市計画には、ひとつの問題があった。人びとから嫌われ避けられたのである。人びとは計画都市に住むことを余儀なくされた時には、それに対する絶望と侮蔑を別の方法で表現した。ポストモダンの時代は、一九七二年三月一六日の午後三時ちょうどに始まったと言われる。この時、受賞歴もあるセントルイスのプルーイット・アイゴー高層公共住宅が、とうとうダイナマイトによって公式に破壊され、瓦礫の山となったのだ。住民たちはすでに退去していて、この住宅は文字どおりもぬけの殻になっていた。単一の使用目的のために周囲から分離されて建設された高層公共住宅街は、多くの住民にとって自尊心を傷つける倉庫のように感じられ、今やほとんどが解体されている。プルーイット・アイゴー住宅は、そうした高層公共住宅街という艦隊全体の旗艦のようなものにすぎなかった。

当時、これらの住宅プロジェクトは、「スラム撤去」と「都市荒廃」の除去という旗印のもとで実施され建設されていた。同時期、ジェーン・ジェイコブズのような都市批評家は、こうしたプロジェクトを全面的に批判しており、彼女らの主張は結果的に広く受け入れられた。彼女たちは都市がどのように見えるかよりも、土着の都市、つまり日々の都市生活や、実際には都市がどのように機能しているのかにより関心を抱いていた。都市計画は、多くの公式な計画と同様に、自意識過剰な視野狭窄によって特徴づけられた。言い換えれば、公式の計画は、単一の目的を最大化すべく、その目的とデザインに執拗にこだわった。その目的は、トウモロコシ栽培ならばエーカーあたり最大の収量をあげることで、T型フォードならば労働と投入原価あたり最も多くのT型フォードを生産することだった。医療の提供であれば、病院は治療の有効性のみのためにデザインされた。木材の生産であれば、森林は単一の商品生産機械になるべく設計し直された。

ジェイコブズは、近代主義の計画者が完全に見落としていた三つの点を指摘した。第一に、そうした活動ではいずれも、たったひとつのことだけが進行しており、計画の目的とはその生産と供給の効率を最大化することだとする致命的に間違った前提がある、と彼女は看破した。計画者は、家から職場までどれくらいかかるか、食料はいかに効率的に都市へと輸送されるのか、といった所定の効率性に基づく計算方法を用いる。だが人間の行動には、彼らの計算方法とは異なり、非常に多くの目的が埋め込まれていることを彼女は知っていた。乳母車を押している母親や父親は、同時に友人と話をしていたり、別の用事をしていたり、何か食べていたり、本を探していたりする。ある会社員は同僚と昼食をしたりビールを飲んだりすることを、その日で最も楽しいことと思っているかもしれない。第二に、複雑で多目的な都市空間がたいてい最も望ましい場所なのは、人間が複数の目的をもつという理由の他に、活気に満ちて刺激があり変化に富んだ環境のなかをぶらぶら歩きするという純粋な楽しみがあるからだとジェイコブズは理解していた。うまくいっている都市は、安全で楽しく快適さに富み、経済的に活発である。そうした都市の近隣コミュニティは、ほとんどすべての都市機能が集中していて、ごちゃごちゃに入り混じった濃密で多目的な場所であることが多い。しかも、そうした都市は長い間にわたって活力に満ちている。計画命令によって機能を特定し固定化する努力を、ジェイコブズは「社会の剝製術」と名付けた。

そして最後に、「生きた」土着の都市から考え始めるなら、都市を幾何学的な技法に基づいて統制された作品、すなわち視覚的な秩序へと変えようとする都市計画者の努力は、根本的に見当違いである。そればかりか、それは、良好な都市の近隣コミュニティという実際に機能している土着の秩序に対する攻撃だと彼女は説明した。

この視座から見てみると、標準的な都市計画と建築の実践とは、実に奇妙なものだと急に思われ始める。建築家と計画者は、自らの提案する建物の全体的なヴィジョンや建物の集合体から考案し始める。このヴィジョンは、提案された建物の絵や典型的には模型によって物質的に表象される。都市の役人と建築家が、あたかもヘリコプターに乗っているか、あるいは神であるかのように、完成した模型を晴れがましく見下ろしている新聞の写真を見ることがあるだろう。あきれるばかりだが、土着の視座からすると、実際には未だかつて誰もが都市をそのような高さや角度から見たことがない。ウィンドウ・ショッピングをしている人びと、使い走りをしている人びと、あてもなく散歩している恋人たちといった、実際の歩行者が路上で経験しているであろうことは、都市計画の方程式から完全に脱落している。計画は実際上、彫刻のように作られた小型模型として見られる。それが魅力的な技巧の出来栄えという視覚的魅力によって評価されるのは驚くべきことではない。だが、この技巧的な作品を再び神のような高みから見る者は、スーパーマンを除いて、二度といないだろう。

秩序の公的な形態に特徴的に見られる模型化と小型化の論理は、近代主義の病理を示しているように思う。現実の世界は、乱雑で危険でさえもある。人類は、遊び、支配、操作の仕方として小型化の長い歴史をもつ。それは、おもちゃの兵士、戦車・トラック・車・戦艦・飛行機の模型、人形の家、鉄道模型などに見出せる。そのような玩具は、現実のものが入手不可能だったり危険な時に、私たちを表象で遊ばせてくれるという、まったくもって称賛されるべき目的に役立っている。しかし小型模型化は、すぐれて大人、大統領、将校たちのゲームでもある。頑強に反抗して手に負えない世界を変容しようとする努力が頓挫する時、エリートはしばしば小型模型の世界に撤退する誘惑に駆られる。そうした小型模型には、とても立派なものもある。そこへ撤退することで、小規模で相対的に自己充足的なユートピア的空間が創出され、彼らの望む理想はより整然と実現されうる。モデル村落、モデル都市、軍事植民地、ショーケース・プロジェクト、実験農場は、政治家、行政官、専門家に対して、いくつもの野蛮な変数や未知のものが最小化され、支配が最も明確に境界が設定された実験場を作り出す機会を与える。博物館やテーマ・パークは、支配が最大化される一方で、外部の世界への影響が最小化された極端な例である。もちろん、モデル農場やモデル都市は、生産、デザイン、社会組織に関する構想を低いリスクで検査し、その成否によってそれを拡大するか放棄するかを検討する実験場として正当な役割をもつ。しかし、ワシントンDC、サンクト・ペテルブルク、〔タンザニアの〕ドドマ、ブラジリア、イスラマバード、ニューデリー、〔ナイジェリアの〕アブジャといった多くの「デザイナー」首都と同様に、それらは自らを取り巻くより大きな環境としばしば意図的に反目する、孤立した建築的かつ政治的な声明となる。首都の中心部における厳格な視覚的な美観へのこだわりは、薄暗い居住地と多くの不法占拠者が暮らすスラムを生み出す。たいてい彼らは、計画された上品な中心部で働くエリートの家の床を掃除し、食事を料理し、子供の世話をしている。中心部の秩序は、その秩序に従わず否認された周縁部の実践によって支えられているのであって、その意味で欺瞞にすぎない。

断章9　整然さの裏の無秩序・混沌

大国を治むるは、小鮮《しょうせん》を烹《に》るが若《ごと》し(老子道徳経)

社会的ないし経済的な秩序は、より高度に計画され規制され公式化されるほど、より非公式な過程に依拠することになる。非公式な過程は、公式の計画によって否定されるが、それなくしては公式な秩序は存在しえない。しかも公式な秩序は、非公式な過程を自ら創出したり維持したりすることができない。ここでは言語の習得が、比喩として役に立つ。子供たちは筋が通った話をするために、まず文法を習ってから、その規則を用いるわけではない。子供たちは、歩き方を身につけていくように、真似したり、何度も何度も試行錯誤したりしながら、話すことを学ぶ。文法規則は、あくまで意味の通ずる話し言葉のなかで観察される規則性であって、正しい言葉を作り上げるものではない。

労働者は、規則の不適切な点につけ込んで、物事が実際にはいかに運用されているのかを解き明かし、自らに有利なように活用してきた。たとえば、パリのタクシーの運転手は、市当局から課される各種手数料や規制に対して不満を抱くと、熱心に規則を守る遵法ストライキ(grève de zèle)と呼ばれる手段に訴えてきた。彼らは皆で合意し、タイミングを見計らって、突如として道路交通法規(code routier)に書かれているすべての規制に従い始める。そして、思惑どおりにパリの交通を機能停止に陥らせる。運転手は、自分たちが思慮深く、実践的に多くの交通規則を無視しているからこそ、パリの交通は循環しているのだと知っている。だからこそ、彼らはただひたすら規則に従うだけで交通を停止させることができた。このやり方は英語では、しばしば「遵法闘争」(work-to-rule)ストライキと言われる。キャタピラー社に対する長期間にわたる遵法闘争で、労働者は技術者の定める非効率な手続きに従うということに立ち戻った。そうすることで、彼らが職場でずっと前から工夫してきたより迅速で手際の良い実践を続けるよりも、会社の貴重な時間と品質が損なわれると分かっていたのである。どんな職場、建設現場、工場の作業場でも、実際の作業工程は、それを管理する規則からでは、いかに綿密なものでも適切に説明できない。実際の作業は、そうした規則の外部にある非公式の知恵と即興的な対応が効率的だからこそ、やり遂げられている。

ベルリンの壁が一九八九年に崩壊する以前の社会主義陣営における計画経済は、厳格な生産規定が、いかに公式の計画のまったく外部にある非公式な手配によってのみ支えられていたのかを示す良い事例である。東ドイツの典型的な工場で、決して欠かせなかった二種類の最も重要な従業員は、公式の組織図に載ってさえいなかった。ひとつは、機械を作動させ続け、生産ラインを修繕し、交換部品を作るために、短時間で即席の処置を施すことに熟練した「何でも屋」だ。もうひとつの不可欠な従業員は、粉せっけん、上質紙、上質なワイン、毛糸、薬、おしゃれ服など、商品価値のある保存可能な品物が手に入る時に工場の資金で買っておき、保管しておく者である。そして機械や交換部品、原料がどうしても足らず、公式の計画からでは入手できそうもなく、工場が割当生産量を達成できず手当を逃しそうな時、この手の従業員はそうした埋蔵品をトラバント〔東ドイツの小型自動車〕に詰め込み、工場の必需品と物々交換できる場所を探し求めた。こうした非公式な手配なくしては、公式の生産は停止していただろう。

建築家の提案した新開発地の模型を見下ろす市の役人のように、私たちはみな、視覚的な秩序は実際に機能する秩序を意味しており、視覚的な複雑さは混乱と同じだと考える過ちをおかしやすい。これはもっともなことだし、近代主義に強く関連づけられた重大な過ちだと思う。しかし、このような同一視がどれだけ疑わしいのかは、ちょっとした省察を必要とする。制服を着た学生が整然と並べられた机に座っている教室では、ばらばらの私服を着た学生が床や一つの机の周りに座っている教室よりも、より充実した学習が行われている、ということになるのだろうか。近代都市計画の偉大な批判者であるジェーン・ジェイコブズは、多くの都市計画者の美意識が思い込んでいたのとは異なり、活力ある多目的な地域の錯綜した複雑さは混乱と無秩序の反映などではないと警告した。それは計画されていないにもかかわらず、高度に精緻化され柔軔さに富んだ秩序の形態だった。秋に舞う枯葉、ウサギの内臓、ジェット・エンジンの内部、主要紙の地方記事編集室は、一見すると無秩序だが、実は決してそうでなく、複雑に入り組んだ機能的な秩序に他ならない。いったんその論理と目的が理解できれば、それはまったく異なるように見え、その機能の秩序が浮かび上がってくる。

農作物と菜園のデザインを取り上げてみよう。近代の「科学的」農業は、資本集約的な巨大農地で、もっぱらハイブリッド種や最大限に均質的なクローンを、耕作と機械収穫が容易になるよう、直線状に単作で栽培するのを好んできた。農地の条件をできるだけ単一の栽培品種に適するようにし、また均質化するために、肥料、灌漑、殺虫剤、除草剤が用いられる。こうした農業の汎用モジュールはどこでも通用し、小麦、トウモロコシ、綿花、大豆といった手荒い扱いにも耐える「プロレタリア的な」作物の生産には、それなりにうまくいく。この種の農業は、いわば、その土地の土壌、土地の地勢、土地の労働、土地の農具、土地の天候を超越しようとする点で、土着の農業とまったく正反対だ。西洋の野菜園は、すべてではないにしても、そうした農業と同じ特徴をもつ。西洋の野菜園には多くの栽培品種があるが、多くの場合、一つの栽培品種ごと一列に植えられ、まるで軍事パレードのために整列した軍の連隊のように見える。たいてい、この幾何学的な秩序は威信にかかわっている。ここでもまた、上部と外部から見た視覚的な規則性が著しく強調されている。

これを、たとえば一九世紀にイギリスの農業普及員が出会った熱帯西アフリカにおける在来の農作物と対比させてみよう。彼らは衝撃を受けた。農地は視覚的にごちゃごちゃに思えた。ひとつの農地には二つ、三つ、時には四つの作物がまとめて乱雑に植えられていたし、ある作物の収穫前に異なる作物が植えられていた。小枝で補強された盛り土があちこちに散らばっていた。小さな丘がデタラメに散らばっているように見えた。西洋人の目には、その農地は明らかに無秩序だったので、彼らは耕作者自身が無頓着で不注意なのだろうと考えた。農業普及員は、適切で「近代的な」農業技術を住民に教育しようと取り組んだ。およそ三〇年間の挫折と失敗の後、ようやく一人の西洋人が、西アフリカの二つの耕作法が現地の条件下でもつ相対的な利点について、実際に科学的に検討しようとした。西アフリカの農地における「ゴチャ混ぜ耕作」は、地域の条件にうまく適応させたひとつの農業システムであると分かった。同時に行う複数品種の栽培と、収穫前に異なる作物を植えるリレー栽培のおかげで、土壌の浸食を妨げて降雨を土壌に捉える被覆植物が一年中にわたって存在した。ある作物は別の作物に栄養素を提供したり、日陰を与えて日射から守ったりした。盛り土は、雨水による土壌浸食を防いだ。害虫や病気を減らすために、作物はあちこちに分散して植えられた。

これらの方法は持続可能だっただけでなく、その収穫量は農業普及員の好む西洋技術によって育てられた作物よりも多かった。農業普及員は、視覚的な秩序には実際に機能する秩序があり、視覚的な無秩序は非効率性だと関連づけてしまった。その西洋人は作物の幾何学における擬似宗教的な信念にがんじがらめに縛られていた一方で、西アフリカ人は幾何学などお構いなしに、作物栽培のきわめて成功したシステムを作り上げて実施していた。

エドガー・アンダーソンは、中央アメリカにおけるトウモロコシの歴史に関心をもった植物学者だ。彼はグァテマラで、目に映る視覚的な無秩序さが、きめ細かく調整された実際に機能する秩序にとって、いかに重要になりうるかを示す農民の菜園にたまたま出くわした。毎日その傍らを通ってトウモロコシ畑へと行く途中で、彼はその菜園のことを大きくなりすぎた野菜が放置されている場所だと思った。そこで誰かが働いているのを見て、ようやく彼はそれがただの菜園ではなく、西洋的な観点からすれば視覚的に無秩序だったにもかかわらず、あるいはむしろそれゆえに素晴らしく考案された菜園であると気づいた。その菜園の背後にある論理を理解するには、彼の記述を詳細に引用し、そのレイアウトに関する彼の図解を再録するのが最も良いだろう(図2−2)。

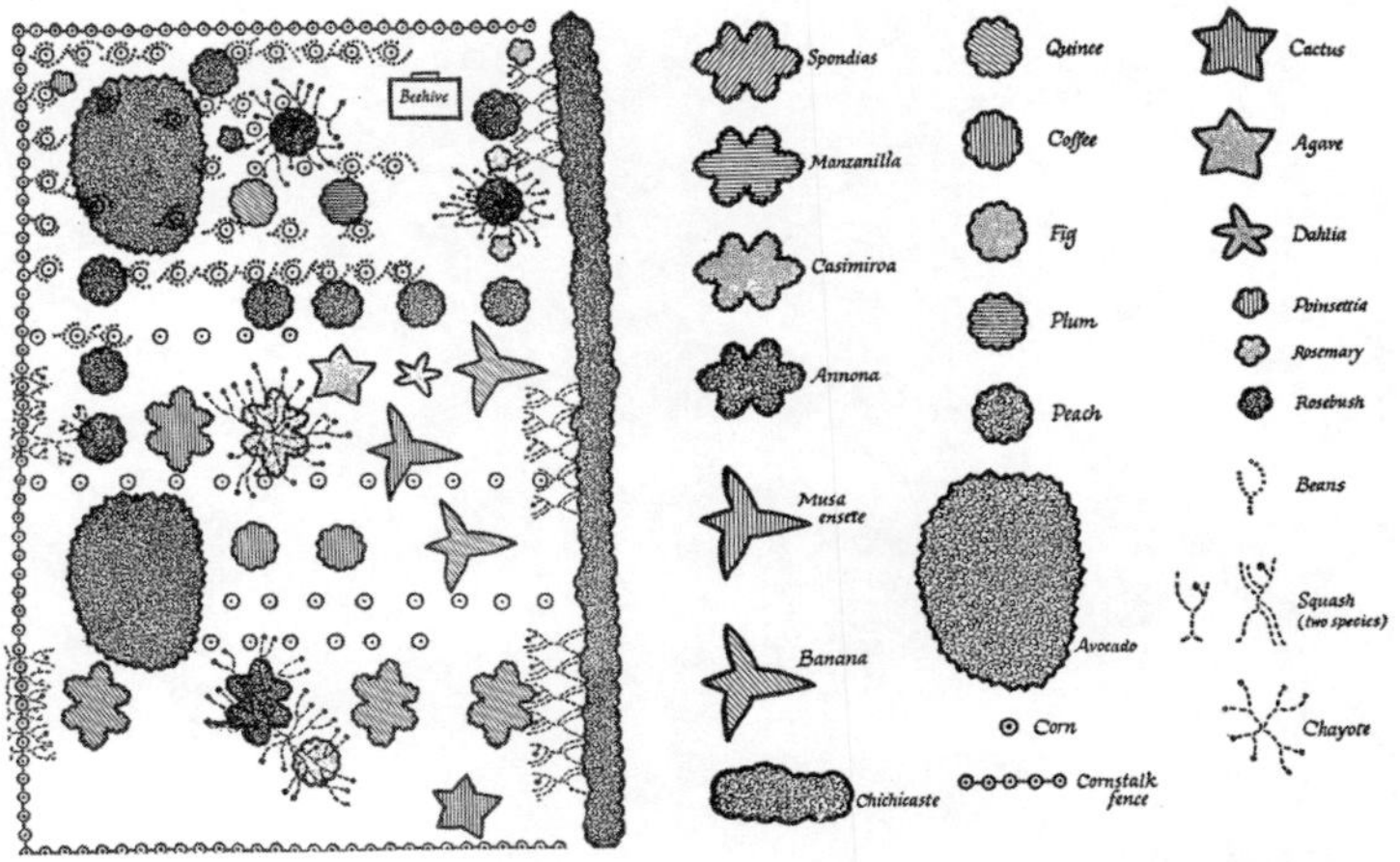

図 2–2　エドガー・アンダーソンによるグァテマラにおける土着の菜園の描画．(左)果樹園．(右)菜園における植物とその種類を示す詳細な絵図．Reprinted from *Plants, Man, and Life*, by Edgar Anderson, © 1952 by Edgar Anderson. Published by the University of California Press; reprinted with permission of the University of California Press

一見、そこにはまったく秩序がないように思われたが、菜園に植えられた作物の地図を作り始めてみると、植物の列がはっきり交差するように植えられていることにすぐ気がついた。そこには、アノナス、チェリモヤ、アボカド、ピーチ、マルメロ、プラム、イチジク、いくつかのコーヒーの茂みといった、在来種とヨーロッパ伝来の様々な果物の木々があった。果物を実らす大きなサボテンが植えられていた。大きく成長したローズマリー、ヘンルーダ、いくつかのポインセチア、準つる植物のティー・ローズがあった。在来種のサンザシの一列があり、その黄色いリンゴのような果実は美味しいジャムになる。二種類のトウモロコシがあり、ひとつはずっと前に実を結んでいて、今ではちょうど旬になってきたインゲンマメが登る支柱としての役割を果たしていた。もうひとつのより背の高い種類のトウモロコシは、実を結んでいた。何種類もの小さなバナナが植えてあって、その滑らかで幅の広い葉は包み紙の代わりに用いられる。またバナナの葉は、温かいタマル〔トウモロコシの粉を練ってひき肉や香辛料とともにトウモロコシの皮で包んで蒸すメキシコ料理〕のような郷土料理を作る際にも、トウモロコシの皮の代わりに使われた。様々なウリ科の植物のうっそうと茂ったツタが、それらによじ登っていた。ハヤトウリは、最後まで成熟すると、栄養をたくさん含んだ何ポンドもの重さのある根を生やす。ある場所には、最近ハヤトウリの根が掘り起こされた小さな浴槽ほどの窪地があった。この窪地は、家から出た生ゴミを捨てて堆肥を作る場所として活用されていた。この菜園の片方の端には、空き箱とブリキ缶で作られた小さなミツバチの巣箱があった。アメリカとヨーロッパの観点から言うならば、この菜園は、野菜園であり、果樹園であり、薬草園であり、ゴミ捨て場であり、堆肥の山であり、養蜂園であった。とても急な斜面の頂上付近にあったにもかかわらず、そこでは土壌浸食の問題はなかった。表土はほとんどすべて植物によって覆われており、明らかにほぼ一年中そのままの状態であろうと思われた。乾季にも湿度が保たれ、同一種の作物は、その間にある別の作物によって互いに引き離されているため、病気や害虫は容易には拡散しなかった。繁殖力は保たれていた。成長しきって活用できなくなった作物は、家からの生ゴミと一緒に、作物の列の間に埋められた。

ヨーロッパ人とヨーロッパ系のアメリカ人は、原住民にとって時間など何の意味もないとよく言う。しかし、原住民の行動を深く観察すれば、この菜園は、彼らが私たちよりもいかに効率的に時間を有効活用しているのかを示す良い例に思われる。いつでもほんのわずかの労力だけで、この菜園は持続的に作物を生産していた。彼らはカボチャを採るついでに、何本かの雑草を抜いた。最後のインゲンマメを摘むついでに、インゲンマメとそれが巻きついていたトウモロコシを引っこ抜いて作物の列の間に埋め込んだ。そして二、三週間後に、その上に新たな作物を植えた。(2)

断章10　アナキスト不倶戴天の敵

過去二〇〇年間にわたって、土着の実践が、きわめて深刻に進む種の絶滅と同じくらい大量に消滅させせられてきたというのは決して誇張ではない。そして土着の実践を消滅させた原因も、種の絶滅と同様に、それが根ざして息づく居場所の喪失である。多くの土着の実践が失われたし、残ったものたちも危機に晒《さら》されている。

土着の実践を絶滅させるうえで、とりわけ最も重要な働きをしてきたのは、近代の国民国家に他ならない。国家はアナキストにとって不倶戴天の敵なのである。近代に台頭し、今やヘゲモニー的な国民国家という政治的モジュールは、国家なき集団、部族、自由都市、緩やかな街の連合、孤立したコミュニティ、帝国といった多くの土着の政治形態を追いやり、叩き潰した。多くの土着の政治形態があった場所には、北大西洋で生まれて一八世紀に法典化され、土着の出自をもつにもかかわらず今や普遍的なふりをしている国民国家だけが唯一そびえ立っている。私たちは世界中どこに旅しようとも、国旗、国家、国立劇場、国立オーケストラ、国家元首、(真実であれ虚構であれ国民を代表する)議会、中央銀行、似たりよったりに組織化された同種の省庁の一覧表、治安機構など、事実上同じ制度的な秩序に出くわす。数百メートル後ろに走って戻り、大きく目を見開いてみれば、これは実に驚嘆すべきことではないか。植民地帝国と「近代主義」の模倣競争は、こうしたモジュールを喧伝し普及させる役割を果たした。もっとも、その権力の持続性は、そうした制度がそれぞれの政治的単位を、確立された国際的システムへと統合してゆく普遍的な装置だという事実によっている。一九八九年までは、模倣の対象として二つの極があった。チェコスロバキアから、モザンビーク、キューバ、ベトナム、ラオス、モンゴルへと社会主義陣営を旅すれば、ほぼ同じ中央計画機構、集団農場、五カ年計画を見出せた。一九八九年以降は、ほんのいくつかの例外を除けば、たったひとつの基準が支配的である。

近代(国民)国家は、いったん導入されると、そこの住民たちと、国民国家の基準から逸脱した彼らの土着の実践を均質化し始める。ほとんどすべての場所で、国家は国民を統合し続けた。フランス国家はフランス人を作り始めたし、イタリア国家はイタリア人を作り始めた。

これは、均質化という巨大なプロジェクトを伴った。たいていい相互に理解不可能な非常に多くの言語や方言は、学校教育を通じて、統一化された国語——総じて支配的地域の方言——へと屈従させられていった。これは、言語、地域の口承文芸や記述文学、音楽、英雄譚と叙事詩、そして意味世界全体の消失をもたらした。非常に多様な地域の現地法や慣習的な実践は、少なくとも原則的にはどこでも同じ法の国民的システムに取って代わられた。非常に多様な土地利用の実践は、徴税を容易にするために、土地の所有権、登記、譲渡の国民的システムに取って代わられた。徒弟制、旅する「先生」による個別指導、治療、宗教的指導、非公式な授業といった非常に多くの地域の教授法は、概して国民教育制度に取って代わられた。そうした国民的教育制度のもとで、フランスの教育大臣は、たとえば午前一〇時二〇分であれば、フランス中の、ある学年のすべての生徒がキケロの何ページを学習しているか分かっていると豪語した。こうした統一性のユートピア的なイメージはほとんど実現されなかったけれども、こうしたプロジェクトは土着のやり方を破壊するには十分であった。

今日、標準化の力は国民国家そのものを超えて、国際機関によって体現されている。やはり北大西洋の国民に起源をもつ、「ベスト・プラクティス」(特定の成果を得るために最も効率の良い行動)に関する規範的な基準を世界中へと普及させることは、世界銀行、国際通貨基金、世界貿易機関、ユネスコ、ユニセフ、国際司法裁判所といった国際機関の主要な目的である。こうした機関は財政的な権力を握っており、その勧告に従わなければ、借款や援助を得られないという相当の罰をくらうことになる。諸制度間の連携は、「調和化」(harmonization)という魅力的な婉曲語法に基づいて進められている。同様にグローバル企業も、この標準化のプロジェクトを助長している。グローバル企業もまた、法秩序、通商規制、通貨システムなどが統一されたお馴染みの均質化されたコスモポリタンな状況でこそ繁栄する。また、商品やサービスの販売、広告を通じて、自らにとって都合がよいように消費者のニーズと嗜好を絶えず作り上げてもいる。

確かに、いくつかの土着のやり方の消失は、ほとんど惜しむ必要がない。革命によって私たちに遺贈されたフランス市民の標準化されたモデルが、フランス農村部における家父長的な隷属という土着の形態に取って代わったのならば、これは確かに解放的な利得であった。マッチや洗濯機といった技術の進歩が火打ち石と洗濯板に取って代わったのならば、これは確かに骨折り仕事を減らした。誰だって、すべての普遍的なやり方に対して、すべての土着のやり方の弁護を買って出たくはないだろう。

しかし、均質化を担う強力な諸組織は、それほど識別力をもつわけではない。それらは、事実上すべての土着のやり方を、自らが普遍的と称するものと置き換えようとしてきた。だが、ほとんどの場合、北大西洋の土着のやり方が別の装束をまとって普遍的なふりをしているだけだということを、改めて思い起こしておこう。その結果は、文化的、政治的、経済的な多様性の大幅な減少であり、言語、文化、財産制度、政治形態、そしてとりわけそれらを支える感受性と生活世界の大規模な均質化である。それほど遠くない将来に、北大西洋の実業家は、飛行機から降り立ったら、世界中のどこでもすっかり見慣れた法、商法、官庁、交通システム、所有形態、土地保有といった制度的秩序を見出せるだろう。そのような時代を、不安に感じつつ思い浮かべることができよう。いや、できないはずはないだろう。すべての形態は、本質的に彼のものとなる。料理、音楽、舞踊、民族衣装だけが、異国情緒があり民俗的なものとして存続し、そして売り物として徹底的に商品化される。

第三章　人間の生産

大道は甚《はなは》だ夷《たい》らかなるも、而《しか》も民は径《こみち》を好む（老子道徳経）

断章11　遊びと開放性

大戦の先行きが不透明であった一九四三年、コペンハーゲンのエムドロプにあるデンマーク労働者住宅公社支部の建築家は、遊び場についてひとつの新しい考えを思いついた。型どおりの遊び場を数多く設計してきた経験豊かな建築家として、彼は、多くの子供たちがブランコ、シーソーや滑り台などの遊びに飽きて、遊び場よりは道ばたで遊ぶ方を好む傾向にあり、使われている建物や空き家となった建物に忍び込み、そこで見つけたものを使ってその場で遊びを発明することを知っていた。彼の考えは、きれいな砂、砂利、木材、ショベル、釘、工具などを置いた建設現場を作り、それらを子供たちに委ねるというものだった。この遊び場は、大変な人気を博した。日ごと子供たちでごった返すようになったにもかかわらず、可能性は無限であり、旧来の遊び場

図 3-1　エムドロプの「冒険広場」(デンマーク). Photograph © Tim R. Gill

よりけんかや叫び声ははるかに少なかった。

エムドロプの「冒険広場」の大成功により、類似の遊び場が世界各地に作られるようになった。たとえば、ストックホルムの「自由町」、ミネアポリスの「庭」、デンマークの他の場所に作られた「ものつくり公園」、スイスの「ロビンソン・クルーソー」公園などである。それらの遊び場では、子供には彼らが作りたいものを作り、造りたい庭を造る道具が与えられた(図3－1)。

「庭」は、始まってまもなく問題に直面した。なるべく早く大きな掘っ立て小屋を作ろうとする子供たちの競争のために、多くの木材や道具が隠されてしまったからである。道具と材料を奪うためのけんかと捜索が繰り返された。遊び場が無秩序になった時、遊び場を管理する大人が秩序を回復し、ルールを定めるかに見えた。しかし、数日の後、材料がどこに隠されているか知っている多くの子供たちは、材料を取り戻すための「救出運動」を展開し、材料と道具を共有するための仕組みを作り上げた。彼らは、必要とする材料を確保するという実際上の問題を解決しただけではなく、そうすることによってある種の新しいコミュニティを作り出したのである。この大変人気のある公園は多くの子供の創作意欲を満たした。しかし、見た目の美しさという基準からはとうてい評価できるものではなく、都市空間の管理者が期待するような上品さは決して備えていなかったことは付け加えておきたい。これは、活動の論理(working order)が視覚の論理(visual order)を打ち負かした事例であるといえよう。そしてもちろん、光景は毎日変わった。常に壊され、そして再建された。冒険広場についてコリン・ウォードは次のように書いている。

冒険広場とは、無秩序状態に比肩できるものであり、小さな自由社会である。そこには緊張と常に変化する協調、多様性と自発性、強要されない協力と個人の資質の解放、そして共同体の感覚が同居している。もっとも、これらの特徴は、表だっては現れることはないけれども。(1)

私は、バンコクで、あるNGOが行っているスラム住宅プロジェクトを訪れた時のことを思い出す。このNGOは基本的には同じ洞察に基づいて、住民のために住居を建設することでなく、これに関連した政治運動を作り出すことを考えていた。このNGOは、不法占拠地のなかの小さな土地の所有権を与えるよう、市当局を説得することから始めた。次の段階としてNGOは、土地を不法に占拠している家族のなかから、一緒に居住区を作ることを望んでいる五から六の家族を選び出した。不法占拠者は材料を選び、基本的な構成を選び、建物をデザインし、建設計画を共に話し合い合意を作っていった。それぞれの家族は、余暇を活用して二、三年かかる建設労働を平等に負担した。そしてどの家族も、完成した暁にはどこに入居することになるのか知らなかった。それゆえ、皆は、建設のどの段階においても、質を確保し、行き届いた配慮をすることに等しく関心を払った。不法占拠者は、あらかじめ計画に組み込まれていた小さな共有スペースもデザインした。建物が完成する頃には、労働と協力の仕組みができあがっていた(もちろん緊張関係がなかったわけではない)。彼ら家族は、今ではもう彼らの手で作った守るべき財産をもっており、建設の過程で、共にうまく働く習慣を身につけていた。彼ら、そして彼らのような他のグループは、不法占拠者による運動が成功するための制度的な結節点となった。

エムドロプ公園の魅力は、後から振り返ってみれば明らかなのだが、おそらく、そこで遊ぶ子供たちの目的、創造性、熱意に何ら制限を加えなかったことにあるのだろう。それは意図的に未完成であり開かれていた。それは使用者の予測不可能で変わり続けるデザインによって完成されることを意味していた。遊び場の設計者たちは、子供たちの考えや彼らが何を作り出すか、彼らがどのように動くか、彼らの夢や希望がどのような形をとって現れるかということについて、ほとんど考えをもっていなかったことを自覚していた。設計者たちは、何が子供の関心を実際にひくかという観察に基づいて、子供たちが作りたいという欲求をもっていること、そのために必要な道具までは分かっていた。ただし、それ以上のことについては分かっていなかったので、遊び場には何の制限も加えず、自由に任せていた。そこには大人の監視は最小限しかなかった。

人間の作るほとんどの制度は、これらの方法によって評価することができるだろう。その制度が、そのなかにいる人間の目標や能力を、どこまで受け入れることができるのか。ブランコやシーソーでできることは限られており、子供はできることをすべて試してしまっていた！　これと比較して、何を作ってもよい公園は、文字どおり、よりどりみどりの可能性を提供した。標準的な設計と同じ色の壁、壁や床にくくりつけられているベッドや机でできた学生寮の部屋は、彼らの特徴的な想像力やデザイン力に抗う閉じられた構造である。部屋の間仕切りが可動式で、様々な家具や色を選ぶことができ、様々な目的に使うことができるスペースがある部屋やアパートは、閉じられた構造と比較して、使用者のひらめきを受け入れることができる。使用者の選択を取り入れてデザインできることもある。大きな大学の広大な芝生は、意図的にしばらくの間、道を作らずにいる。時間がたつと、毎日何千という歩行者が通ることによって、道が自然と作られていく。そうしてこれらの道は要請に応えるように舗装されることになる。この過程は、荘子の格言「道はこれを行きて成る」(道行之而成)の別の表現である。

開放性の程度は、活動や制度――その形態、目的、規則――が、それを行っている人びとの要求によって修正されていく度合いによって測ることができる。

例として戦争慰霊碑を比較してみよう。ワシントンＤＣにあるベトナム戦争慰霊碑は、来訪者

図 3-2　ベトナム戦争慰霊碑(ワシントン D.C.). Photograph © Lee Bennett, Jr./www.ATPM.com

の数と彼らの熱い思いを基準とするのであれば、これまで作られた戦争慰霊碑のなかで最も成功した慰霊碑のひとつであることは確かである(図3－2)。マヤ・リンによって設計された慰霊碑は、緩やかな起伏のある場所に設置された(その場所は慰霊碑によって覆い尽くされているわけではない)、戦死者の名前を刻んだ長くて背の低い黒御影石だけでできている。戦死者の名前は、意図的にアルファベット順に並べられておらず、軍の部隊や階級ごとにも並べられていない。代わりに、戦死した順番に時間軸に沿って並べられている。同じ日に戦死した人びと、それらの多くは同じ作戦で命を落とした人びとである。戦争そのものについては、文章の形であれ、彫像の形であれ、何も語られていない。この沈黙は、この戦争が未だに生み出す厳しい政治的亀裂のことを考えれば、不思議なことではない。しかしながら最も注目すべきは、べトナム戦争慰霊碑が、訪れた人、とりわけ戦友をたたえるため、もしくは愛する人を慰霊するために訪れた人に働きかけるその方法である。訪れる人は、まず彼らが慰霊したい人の名前を最初に探さなければならない。そして見つけると、多くの人は壁に刻まれた名前を手でなぞる。そして拓本を取り、彼らがもってきた追悼の品や記憶の品を置いていく。それは詩、女性のハイヒール、一杯のシャンペンからポーカーの一手であるエースハイのフルハウスまで様々である。あまりにも多くの追悼の品が置かれたので、これらを収納するための博物館が別に建てられた。人びとが壁に集い、戦死した最愛の人の名をなぞる行為は、その戦争に対する立場の違いを超えて、見る者を感動させる。

この慰霊碑の象徴的な力の多くは、すべての訪問者に、彼らなりの独自の意味と、歴史と、記憶のなかで戦死者の栄誉をたたえることを許す開放性の能力にあると私は考える。この慰霊碑は、実際のところ、慰霊を完成させるために参加を求めているとさえいえるかもしれない。人はそれを〔潜在意識を探るための〕ロールシャッハテストになぞらえはしないだろうが、それにもかかわらず慰霊碑は、それが提示するものよりも、市民がもってくるものによって意味が作られる(この戦争に対する真にコスモポリタンな慰霊碑は、もちろん、この戦争で犠牲になったアメリカ人のみならず、すべてのベトナム市民、ベトナム兵の名前を刻むことになるであろう。もしそのような慰霊碑が作られるとすれば、現在の数倍の長さになるであろう)。

ベトナム戦争慰霊碑を、これとはまったく異なるアメリカの戦争記念碑と比べてみよう。それは第二次世界大戦中、硫黄島の摺鉢山《すりばちやま》の頂上にアメリカ国旗を掲げた様をかたどった彫刻である。右の方向に動きつつ、膨大な犠牲のうえに獲得された勝利の最後の瞬間であることを示した硫黄島の彫刻は、明らかに英雄的である。国旗によって象徴される愛国心、征服というテーマ、実物よりも大きなスケール、勝利における連帯という黙示的なテーマは、訪問者に解釈する余地をほとんど与えない。アメリカにおけるこの戦争の解釈が事実上一致していることを考えれば、硫黄島の記念碑がモニュメントであり、しかも意味が明らかであることは驚くに値しない。封じ込められた、というわけではないが、硫黄島の記念碑は、他の戦争の記念碑と同様に、象徴的に自己完結的である。訪問者は畏敬の念をもって立ち、写真や彫刻を通して太平洋戦争の象徴となったイメージを見つめる。しかし、彼らは、彼らなりの意味づけを作って完結するというよりは、あらかじめ与えられたメッセージを受け入れるのである(図3－3)。

前に紹介した遊びの例は、戦争と死というテーマと比較すると些細なことに思えるかもしれない。結局のところ、遊びは喜びと遊びそのものを楽しむことを超えたところでは目的をもっていない。遊んでいる人間が、他の遊びよりも楽しいと判断するその度合いによって、遊びの成功や効率性は判断される。しかしながら遊びというのは、非常に示唆的である。というのも、この種の開放的で、あらかじめ決められていない遊びは、広い視点から見ると、非常に真剣な仕事だからである。

すべての哺乳類、とりわけホモ・サピエンス〔絶滅種を含む新人類〕は、実に多くの時間を明らか

図 3–3　硫黄島の記念碑(ワシントン D.C.). Photograph by Dennis @ visitingDC.com
While every effort has been made to obtain permission to reprint this copyrighted material, we have been unable to trance the copyright holder. The publisher will be happy to correct any omission in future printings.

に目的のない遊びに費やしているように見える。他のことと合わせて、遊びの無秩序——これはむちゃくちゃなどんちゃん騒ぎを含むが——によって人間は、体の使い方と身体能力、感情の抑制、社会化の能力、順応性、帰属意識と仲間との交流の感覚(social signaling)、信頼、経験などを発達させていく。遊びの重要性は、ホモ・サピエンス・サピエンス〔現生人類〕を含む哺乳類の行動様式から遊びを奪った時にとりわけ明らかになる。遊びを否定されると、どの哺乳類も立派な大人にはなれない。人間について言えば、遊びを奪われた人間は、はるかに暴力的かつ反社会的行為に走りやすく、抑鬱状態や根強い不信感に捕らわれやすい。「全国遊び研究所」の創設者であるスチュアート・ブラウンは、最も暴力的かつ反社会的人物たちが、みな遊びの経験を欠いていることに気がついた時、遊びの重要性に着目した。遊びは、目的がないことが明らかな他の二つの行動——睡眠と夢見——と並んで、社会的かつ身体的な基本となることが分かった。

断章12 なんて無知でばかげているんだ！ 不確実性と適応性

効率性という概念は、遊びを特徴づける開放性とは、そもそも目的が食い違っているのが分かるだろう。というのも、行動の目的が明確に定められた段階で、たとえば、自動車、紙コップ、ベニヤ板や電球を作るなどの目的が与えられれば、少なくとも現在の状況においては、目的を達成するための最も効率的な方法が措定されるように思われる。仮に仕事を行う組織や工場の環境が、反復性をもち、安定し、予測可能であれば、決められたルーティンは大変効率的であり、必然的に閉じられたものとなるであろう。

「効率的」というこの見方は、少なくとも次の二つの点で欠陥がある。

最初に最も明らかなのは、多くの経済、そして人間の活動一般において、そのような固定的な状況は一般的というよりはむしろ例外だということであり、状況が変われば、これらのルーティンは適応できないと分かるだろう。労働者が技術のレパートリーを増やせば増やすほど、そしてそのレパートリーを増やす能力を高めれば高めるほど、より予測不可能な状況に適応できるようになり、そのような適応能力をもつ個人から構成される組織は適応能力を高めていく。不確かな状況において、適応能力と対応範囲の広さは、個人にとっても組織にとっても保険として機能する。このことは、より広い意味で言えば、ホモ・エレクトス〔原人類〕が競争者に対して保持したおそらく唯一の最も重要な長所であった。すなわち、予測できない環境に適応する見事なまでの能力と、最終的には環境そのものに働きかけていく能力である。

適応能力の高さと対応範囲の広さの重要性は、自分が勤める大学の健康ニュースレターに掲載された栄養に関するエッセイを読んだ時に、合点がいった。それには、過去一五年間における科学的調査が、健康にとって今日きわめて重要と判明した栄養素の多くを発見したことが書かれていた。ここまではよい。そこから、私がオリジナルな知見と思ったことが書かれていた（以下、引用する）。「私たちは、次の一五年間で、私たちの食事のなかからまだ気がついていない多くの新しい重要な栄養素を発見するでしょう」。さらに続けて、「この点に鑑みれば、私たちのできる最上の助言は、あなたが未知の栄養素を取り込むために、できるだけ多くの種類の食事を摂ることです」とあった。この助言には、未来についての私たちの未知という公理が組み込まれている。

効率性という硬直した概念に組み込まれているもうひとつの欠陥は、人間の労働を伴ういかなる効率性の過程も、労働者の我慢に頼っているのをまったく無視していることだ。オハイオ州のローズビルにあったゼネラル・モーターズの自動車組み立て工場は、建設された当時は、組み立て工場としては最高傑作であった。組み立ての工程と動作は、何千にも及ぶ明確な工程を踏まえており、フォード主義的効率性のモデルといえた。建物は煌々《こうこう》と明るく、換気もよくされており、床は彫刻のようにきれいで、機械音を消すために館内放送で音楽が流れ、スケジュールには休憩時間がきちんと組み込まれていた。そして、効率性の名のもとに、これまで開発されたなかで最も早い組み立てラインが導入され、仕事のテンポは前例がないほどの早さを要求されていた。労働者はこの組み立てラインに抵抗し、目立たないサボり行為によってラインを止める方法を見つけ出した。いらつきと怒りによって、彼らは多くの部品を損傷し、交換しなければならない欠陥部品の割合は急増した。最終的に、製造ラインは設計し直され、人間の許すペースに戻された。私たちの議論にとって重要な論点は、非人間的なスピードに対する労働者の抵抗が、最初の設計を非効率的にしたということである。新古典派経済学では、労働者が受け入れ、我慢するであろう条件をまったく想定しないので、そもそも労働の効率性という概念さえ入ってこない。もし労働者が労働計画の決まりに従うことを拒否すれば、彼らは、彼ら自身の行動によって、効率性を台無しにできるのである。

断章13 GHP：総人間生産量

もし私たちが制度と人間の活動について、新古典派的な狭い意味での効率性、すなわち、特定の製品一ユニットにかかるコスト(原材料費、人件費、資本)とは異なる問題の立て方をしてみればどうだろうか。あらかじめ定められた活動や制度は、どういう種類の人間を育てるのだろうか。

私たちが想像できるあらゆる活動、もしくは制度もまた、その目的がどのように宣言されようとも、行き当たりばったりに人びとを変えていく。

もし私たちが、制度の目指す目的とそれを達成する効率性を棚上げして、それがどのような人間を生産するのか問えば、どうだろうか。制度や経済活動が生み出した人間を評価する方法は多様であり、経済学のGDP〔Gross Domestic Product〕、すなわち貨幣で換算される国民総生産量と比較可能な方法で、たとえばGHP〔Gross Human Product〕、すなわち総人間生産量を包括的に説得的に測る方法は編み出せそうにない。

もし、この困難にくじけず、この問題に切り込むことを決めたとすると、私は、私たちには少なくとも二つのアプローチがありうると考える。ひとつは、仕事の過程がいかに人間の能力と技能を高めたかを測る方法である。もうひとつは、労働者自身による仕事の満足度から測定する方法である。前者は、少なくとも原理上は、いわゆる「高まったか、低下したか」という通常の方法で測定することができる。

もし私たちが、標準的な人間の能力と技術を工場の組み立てラインに適用すれば、どうなるだろうか。ローズビルやリバー・ルージュの組み立てラインで五年もしくは一〇年働いた後、労働者の能力や技術が実質的に向上する確率はどれくらいだろうか。おそらく驚くほど小さいだろうと私は推測する。実際のところ、製造ラインにおける分業の基礎となっている時間動作分析のポイントは、簡単に学ぶことのできる細かい何千もの工程に分解していくことである。それは意図的に、職人的な工芸の知識、そしてそれが労働者に与える力を排除するように設計されており、これこそが自動車製造時代の特徴である。製造ラインは単純化されており、一つの「手」が容易に他の手に代替できるように標準化された労働力のうえに成り立っている。言い換えれば、私たちが労働力の「愚鈍化」といみじくも呼べるであろう現象である。もしたまたま労働者が彼の能力と技術を高めたのであれば、それは、彼が自分の時間を使って高めたか、ローズビルで起こったように、監視の目をくぐり抜けるずるがしこい戦略を立てた時だ。それにもかかわらず、私たちが人間の能力と技術を高めることに貢献した度合いから組み立てラインを評価すれば、いかに効率的に車を生産していたとしても、落第点がつくであろう。一世紀半も前、アレクシス・ド・トクヴィルは、アダム・スミスの古典的な分業の事例に関して、根本的な問いを投げかけている。「ピンの頭部を作ることに二〇年の時を費やした人間に、何が期待できるだろうか？」[(2)]。

経済学においては、イギリスの経済学者ジョン・ヒックスにちなんで名付けられた「ヒックスの所得」と呼ばれるものがある。これは、厚生経済学の初期の議論を代表しており、生産、土地、労働の諸要素がその後の過程において劣化しないかぎりにおいて発生する所得である。もし劣化してしまえば、次の生産過程はより劣った生産要素を基礎として始まることになる。たとえば、農業生産の技術が土壌の栄養素をはぎ取ってしまえば（時には「土壌収奪」と呼ばれる）、その損失は、ヒックスの所得の減少として捉えられる。同様に、労働者の才能と能力を減じる生産ラインのようないかなる形態の生産様式も、程度に応じてヒックスの所得の減少としてツケが回ってくることになる。逆の場合もある。意図的に土壌の栄養素を増やして耕作地を作るような耕作慣行や、労働者の技術や知識を増やすような製造業の慣行は、農民、もしくは工場のヒックスの所得を増やすことになるだろう。厚生経済学者が肯定的もしくは否定的に評価する外的要素はヒックスの計算に組み込まれており、稀にではあるが工場の純利益に反映される。

私たちがここで用いている「能力」(capacity)という言葉は、狭くも広くも解釈できる。たとえば自動車工場の労働者に対して狭く適用すれば、彼らがラインの何カ所を担当したか、すなわち、リベット打ち、溶接、耐性調整などを習ったかという点が問題になるであろう。より広く取れば、彼らがより熟練を要する仕事や管理部門の仕事に就くために訓練され教育されたか、労働を行う組織のなかで協働する経験をしたか、彼らの創造性が高められたか、彼らが仕事の現場に関する交渉や現場を代表する技術を学んだか、ということが問題になるであろう。もし私たちが民主的市民権といったより拡大された能力の有無を生産ラインについて問えば、生産ラインそれ自体は、明らかにとても権威主義的な環境だと見なせるであろう。というのも、生産ラインの諸決定は技術者の手に握られており、代替可能な労働者は彼らに与えられた仕事を多少なりとも機械的にこなすことを期待されているからである。それは決してそのようには動かないのだが、ラインに強く求められる論理はそうである。労働過程としてのラインは、「民主主義産出総量」を減じることになるだろう。

もし私たちが、世界の大部分において若者を社会化する主要な公的制度である学校について同じ質問を考えてみればどうだろうか。この質問は、公立学校が屋根をひとつしかもたない大工場とほぼ同じ時期に発明され、二つの組織が家族的類似性をもっていることを考えれば適切だろう。学校は、ある意味では、産業化していく社会にとって必要な計算や識字といった最小限の基本的なトレーニングを施す工場である。チャールズ・ディケンズの『ハード・タイムズ』に出てくる、計算高く、威張り散らす校長の風刺であるグラッドグラインド氏は、私たちに工場という性格を思い出させる。その労働日課、時間の規律、権威主義、整えられた視覚的秩序、そしてとりわけ、小さな子供労働者のやる気を失わせ、抵抗を生み出すところなどである。

当然のことながら、国民皆教育は、単に産業界に要請された労働力を生み出すだけではない。それは経済的であると同時に、政治的な制度である。それは、国家への忠誠心が、言語や民族、宗教といった地域的かつその土地のアイデンティティに勝る愛国的な市民を作り出すように設計される。革命フランスの普遍的な市民権は、国民皆兵制を生み出した。学校制度を通じて愛国的な市民を作り出すことに成功したのは、その露骨な愛国教育というよりは、教育に用いられた言語、教育内容の標準化であり、そして組織化、権威・秩序を守るという潜在的な指導を通じてであった。

現代の初等教育、そして中等教育の制度は、教授法理論の変化によって、とりわけ物質的な豊かさと「若者文化」そのものによって大きく変えられてきた。しかし、その起源が、刑務所ではないにしても工場にあることは間違いない。普遍的な義務教育は、ある意味ではどれだけ民主化されたとしても、同時にほとんど例外無しに、学生は教室に座っていなければいけないということを意味する。出席が、選択ではなく自律的な行為でもないという事実は、それ〔義務教育〕が出だしから根本的に間違っている強制的な制度であることを意味する。というのも、押しつけは疎外を生み出すからであり、とりわけ子供が大きくなればなるほど問題は深刻になる。

しかしながら公立学校制度の深刻な悲劇は、多かれ少なかれひとつの製品を生み出す工場になっていることにある。この傾向は、ここ数十年間で、標準化、測定、テスト、指導責任がより重視されるようになり、ますます加速する傾向にある。その結果生まれてくる学生、教師、校長、全学区の目標は、すべての努力を、制度設計者が定めた基準を満たす標準化された学生を作り出すことに向けることになった。

これが生み出す製造物とは何だろうか。それは、狭く想定された、テストによって測ることができると考えられるある種の分析力である。もちろん私たちは、分析力とはおよそ関係のない実に多くの技術が、成功した社会にとって価値があり、重要であることを知っている。それらは、芸術家の才能であり、想像力であり、機械的知能(フォード工場の初期の労働者が農場よりもってきた類の知能である)、音楽・ダンスの技術、創造力、感情的知性、社会的技術、倫理的知性などである。これらの才能は、課外活動、とりわけスポーツのなかに見出せるが、学生、教師、学校にとって評価法が確立された正課のなかに生かす機会はない。そしてその正課の評価によって、多くのことが決められてしまう。この教育の単一的な平板化は、フランス、日本、中国、韓国などの教育制度において、一種の頂点と見なされている。これらの国々では、それまでの努力が一回のテストで試され、その結果によって将来の流動性や人生の機会がかなりの程度左右される。ここに至って最上級の学校に入学し、学校が終わっても塾に通い、テストに備える特別コースに出席する競争が熱を帯びることになる。

なんと皮肉なことに、これを書いている私も、この本を読んでいる読者のほとんども、このラット・レース〔愚かで激しい出世競争〕の勝者であり、受益者である。私は、イェール大学のトイレの個室で目にした落書きを思い出す。「覚えておけ！　たとえラット・レースに勝ったとしても、おまえは所詮ラットなのだ！」と誰かが書き、その下に別の筆跡で、「その通り。でも、俺らは勝ち組だぜ」と即妙に返していた。

このラット・レースに「勝利した」私たちは、敗れていれば手に入らなかったであろう機会と特権を終生享受することになる。私たちは、この勝利がもたらす肩書き、優越、偉業、自尊心の感覚を将来にわたってもつことになるであろう。しばしの間、この分け前が正当化されるかという問いや、私たち自身や他者にとっての価値という観点からこれが何を意味するのかという問いを棚上げにしよう。そして、この勝利が、経済・社会的上昇の機会を私たちに大変有利に提供する社会資本を代表していると単に考えてみよう。この生涯にわたる特権は、これらの制度が作り出した人間のおそらく五分の一が享受するに過ぎない。

それでは残りの人びとはどうだろうか。競争に敗れた八〇パーセントの人びとはどうなるのだろうか。彼らは少ない社会資本しかもっておらず、形勢は彼らに不利だといえよう。おそらく、重要なことに、彼らは、敗北感を抱き、軽んじられたと感じ、自分たちは劣っており呑み込みが悪いと生涯思い続けるだろう。この仕組みは、彼らにさらに不利に働くであろう。テストで成功する能力によって人間の才能を狭く解釈し業績を測定する制度を信頼する合理的な理由があるだろうか。

分析力のテストで出来がよくない人は、学校制度では決して教えられないし価値も与えられない、ひとつもしくは多くの形の知性に信じられないほど恵まれているかもしれない。これらの才能を無駄にし、五分の四の学生を社会の監視者(gate keeper)の目、そしておそらく彼ら自身の目から見ても永久的な汚名を着せてしまう制度とは、いったいどんな種類の制度だろうか。教育的な視野狭窄によって「分析力エリート」と推定される人びとに与えられる疑わしい特権と機会は、社会が被る損失や浪費に値するものなのだろうか。

断章14　介護施設

私は、二〇年前に「介護」施設で経験した冷ややかな遭遇を唐突に思い出す。私の二人の叔母は、夫にも子供にも先立たれ、彼女たちが教えていた学校からそれほど遠くないウェスト・バージニア州の老人ホームで生活していた。それは約二〇名の女性を収容する小さな老人ホームであり、入居者は自分で着替え、食堂に自力で歩いて行くよう期待されていた。彼女たちは八〇代半ばであり、叔母の一人は転倒して病院に幾分か長く入院せねばならなかった。なぜなら、彼女は老人ホームに戻る前に、自力で起き上がり歩けることを示さなければならなかったからである。

彼女たちは弱るにつれて、老人ホームを出て、よりきめ細かな介護をしてくれる介護施設に入らなければならないと考えた。そして彼女たちの次の世代の最も近い親戚である私に、自分たちの所に来て介護施設を調べてほしいと頼んだ。私がそうすることによって、彼女たちは最善の介護を選べるだろうと考えたのである。

私は金曜日に到着し、土曜日に老人ホームで夕食を取るまでに、良さそうな二軒の介護施設を訪問した。ひとつの施設は、もうひとつの施設よりも多少友好的できれいに消毒されており、たとえ最上の介護施設でも漂う匂いがきつくなかった。そこに住んでいる入居者がそれぞれの療養所をどのように考えているか知りたくて、私は部屋から部屋を回り自己紹介し、叔母たちの状況を説明し、入居者の言うことに耳を傾けた。一種の非公式な調査であった。彼らの評価は非常に肯定的であった。すなわち、彼らは受けている介護、スタッフの目配り、食事、毎週の活動やちょっとした外出などを賞賛した。

私は日曜日に再び出かけ、近くにあるもう二軒の介護施設を「捕まえた」。飛行機で自宅に戻るまでに残る六つすべての介護施設を見学したかったからである。その朝、土曜日と同様にスタッフと話し、それから入居者と話した。受付に最も近い場所には看護師がたった一人しかいないようであり、この看護師が施設を案内して彼らの運営方針を説明してくれた。彼女が案内を終えた時、私は二、三人の入居者と話をしたいと告げた。彼女は、私が叔母たちの代理で来ていることを知り、一年前にこの施設に入居した姉妹が住んでいる部屋に案内してくれた。

自己紹介をし、なぜ彼女たちの経験を聞きたいと思っているか説明した後、私は、彼女たちがこの施設の介護を、快活に、時には熱情を込めて賞賛するのを聞いた。ここは「もうひとつの候補だ」と私は考え始めた。ちょうどその時、電話が看護師詰め所から鳴っているのがかすかに聞こえた。看護師は、日曜は常に少しばかり人手が足りないことを言い訳しながら、電話を取りに急いで下に降りていった。彼女が声の届かないところに行ったその時に、姉妹の一人が唇に指を当て、強い感情を込めて次のように言った。「どんなことがあっても、叔母さんたちを決してここに連れて来ては駄目よ！　彼らは私たちをひどく扱うの。もし私たちが何か不平を言ったり、特別な助けを求めたりすると、彼らは私たちに叫んで、黙れと言うの」。もし彼女たちがスタッフの機嫌を損ねるようなことになれば、スタッフのうち何人かが入浴を遅らせたり、食事や所持品を運んでくるのを遅らせたりすると説明した。このタイミングで、看護師の足音が部屋に近づいてくるのが聞こえ、一人の姉妹は再び口に手を当て、看護師が部屋に入ってきた頃には私たちは当たり障りのない会話を始めていた。

四番目の介護施設へ車で向かう途中、私は低強度のテロ体制の稼働の仕方を目撃したのだ、と考えていた。この経験から判断するに、生存のために基本的に必要なことをスタッフに常に依存している居住者は、スタッフが望むであろうこと以外を口にすることを恐れていた。そうでなければ罰せられるからである。私の叔母たちは、生涯にわたる英語とディベートの教師であり、とりわけナポレオン・コンプレックス〔背が低いことに伴う劣等感〕をもっていたことから、この体制のもとではうまくやっていけないだろう。同時に、私はこの経験によって、これまで私が常にスタッフの横で入居者と話していたことに気がついた。これ以降、リストにある他の四軒の介護施設を訪れた際には、私は施設のほとんどを付き添い無しで見学し、会った人と自由に話すことを求めた。もしこの要望が拒否されれば、それは四つのうち三つの介護施設でそうであったが、私は直ちに立ち去った。

最後になって、私は選択を決めるための他の理由を見つけた。私が、叔母たちを教師であると説明した介護施設で、一人の看護主任が彼女たちの名前を尋ね、こう叫んだのである。「おお、ハッチンソンさん！　私は彼女を覚えているわ。彼女は私の高校の英語の先生だったの。彼女は厳しかったけれど、サンディビルにある彼女の農場に私たち学生全員をよく招待してくれたことを思い出すわ」。彼女にとって叔母が「ハッチンソンさん、私の英語の先生」であるかぎり、そして単に無名の八〇代の弱った老人でないかぎりにおいて、私には、よりよく個人的な介護を受けられる希望が生まれたように思えた。そしてそれらの介護は、叔母のルームメイトや姉妹にも願わくば施されるのではないかと思えたのである。私は、叔母エリノアのナポレオン・コンプレックスの印象が強烈であるあまり、彼女の教え子が介護施設をセント・ヘレナ島のような幽閉状態にしてしまうといったことがないように願った。

私がひどく気が滅入ったのは、長い間権力と権威の象徴と思われてきた二人の叔母が、人生の最後の段階において、そのような奴隷状態、恐怖、沈黙を強いられるのを想像することだった。それに、限界を超えた量の仕事を抱えているスタッフの間で広まっている、誰もが入居者を幼児扱いして呼びかける表現を無視することはできない。「さて、おやまあ、よい子になってお薬を飲む時間ですよ」。

このように身体に関する最も基本的な事柄を、安い給料で多くの仕事を抱えているスタッフに惨めにも頼らざるをえないことが、素早くかつ完全に「制度によって作られた人格」を生み出すこと、すなわち、幼児扱いすることが年を取った幼児を生み出すことは想像に難くない。介護施設は、刑務所、修道院、兵舎と似ていないこともなく、制度の規範に適応させる圧力がほぼ抵抗できないほど強い、包括的な権力を有した「全体的な」制度といえる。

断章15　制度のなかの人生という病理

私たちは、人生のほとんどの時間を、家族から学校、軍隊、そして会社といった具合に、制度のなかで過ごす。これらの制度は、かなりの程度、私たちの期待、人格、日々の行動パターンを形作る。これらの制度が多様性に富み、かつ固定的ではないことを認めつつ、それでもなお私たちは、これらの制度が、私たちを形作る総体としての効果について語ることができるだろうか。

私は、おおざっぱでお手軽な方法ではあるが、できると考える。最初に気がつくのは、産業革命とこれに伴う急速な都市化により、財産を失い、巨大かつ階層的な組織に生計を頼る人びとが大きく増加したことである。小農や小店主の家計は、プロレタリアートの家計と同様に、貧しく、不安定だったであろう。しかしながら、彼らの生活は、マネージャーや上司、主任たちが強要する日々の規律に従うことは少なかったに違いない。地主の気まぐれに従わなければいけなかった小作人でさえ、もしくは銀行や金貸しからどっぷりと借金びたりになっていた小農でさえ、いつ種をまき、どのように耕作し、いつ収穫をして売るかなど日々の仕事については自分で管理していた。こうした彼らの状況と、八時から一七時までの労働時間に縛られ、機械のリズムに縛られ、人や電子管理システムによって行動の端々まで監視されている工場労働者を比べてみよう。サービス産業においてさえ、仕事のペース、規則、監視といった点では、独立の商店主よりもはるかに細かく管理されている。

気がつく第二の点は、これらの制度は、ほとんど例外なく、きわめて階層的であり、典型的には権威主義的である。訓練は、階層秩序の習慣のなかで、農業社会であれ産業社会であれ、家父長制に従う家族から始まる。子供や女性、召使いを事実上の動産として扱う家族構造は、次第に権威主義的でなくなってきたものの、家父長制的家族〔の理念〕は依然として根強く、おそらく男性の家長を除いては、自律と独立のための訓練の場とは呼べなかった。家父長制の家族は、歴史的には、その成員のほとんどにとって隷属の訓練場であり、家長や跡継ぎとしての訓練を受けている息子にとっては、権威主義を磨く場であった。家長が、労働者の自律と独立をさらに損なうような権威主義的な環境で働き、［その鬱憤を家庭内で晴らして］家族内の隷属の経験が強化される時、総人間生産量は陰鬱な結果となる。

ほとんど服従のなかで生きる生活が、民主主義における市民性の質に与える影響は不吉なものである。目が覚めて寝るまでの間、ほとんど完全に従属のなかに生き、そのような状況のなかで生存と保身の術を身につけた人間が、タウン・ミーティングの場において、突然、勇敢な、独立心をもった、リスクを取ることを厭わない自立した個人になることを期待できるだろうか。たいていは専制的である職場で働く人間が、市民領域で民主的に活動する市民へと、直接どのように変身できるだろうか。もちろん、権威主義的な状況は、人格形成に深遠な影響を及ぼす。スタンレー・ミルグラムの有名な実験で、ほとんどの人は、白衣を着た権威者にやれと命じられれば、彼らも過酷だと考えることを、たとえば生命を脅かす電気ショックでさえ、被験者に施すことが分かった。さらに、フィリップ・ジンバルドーが行った心理実験では、刑務官の役を割り当てられた人間が、たちどころに権力を濫用しはじめたため、被害が深刻になる前に実験を中止しなければならなかった(3)。

より一般的に言えば、エティエンヌ・ド・ラ・ボエシやジャン・ジャック・ルソーなどの政治哲学者は、階層制と独裁の政治的帰結に深い関心を抱いていた。彼らは、そのような状況が市民よりもむしろ隷従者を生み出すと信じていた。隷従者は、自己防衛の習慣を身につける。彼らは自分より上の者におべっかを使い、奴隷根性を身にまとう傾向にあり、必要であればごまかし、論争となる問題についてはもちろんのこと、そのほかの問題にも自分の意見を思い切って発言することは滅多にない。彼らの一般的な態度は、用心深さである。彼らは自分自身の意見、時には政府転覆を意図する意見をもっているかもしれないが、彼らはそれらの意見を自分自身のなかにしまい込み、独自の判断や進むべき道を公の場で明らかにすることを避ける。

最も過酷な「制度化」(この単語自体が病の兆候を示しているが)、たとえば、刑務所、精神病院、孤児院、救貧院、強制収容所、老人ホームなどの環境では、時々「制度的神経症」と呼ばれる人格障害が現れる。これは、長期にわたる制度化の直接の結果である。この病を患った者は、無関心になり、自ら何かを始めることはなく、周りのこと全般に対する関心を失い、予定も立てず、自発性に欠ける。彼らは協力的で問題を起こさないため、監督者は、彼らのような制度的隷属者を制度の決まりによく適応している人びとだと好ましく見るだろう。最も過酷な状況においては、彼らは、おそらく子供じみた行動を取り、それが人格や歩き方に影響を与えるようになり、引きこもって近づけなくなる(ナチスの強制収容所では、すべてを奪われて死にかかった囚人は、他の囚人から「ムスリム」(Muselmänner)と呼ばれていた)。これらは、外界との接触が断たれ、友人や所有物を失ったことの制度的結果であり、監督者の権力が彼らに及ぼす影響の本質なのである。

私が問いたいのは、次の質問である。現代の生活のほとんどは、家族、学校、工場、会社、仕事現場といった制度に覆われている。これらの権威主義的かつ階層的な制度は、制度的神経症を穏やかな形で生み出しているのではないだろうか。様々に存在する制度の一方の極には、個人の自律性や主導力を日常的に破壊する制度を考えることができる。もう一方の極には、おそらく、ジェファーソン民主主義の理念型と呼びうる、独立し、自立し、自尊心に富む土地持ち農民、小企業の経営者など、自分自身で責任をもち、借金もなく、より一般的には、隷従や服従する制度的な前提をもたない人びとを想定することができる。ジェファーソンは、そのような自立した農民が公的領域の基礎を作り出す、すなわち、市民が考えていることを恐れや追従なしに自由に語れる活発で独立した公的領域の基礎を生み出すと考えた。現在の西側民主主義諸国に住むほとんどの市民は、この二極の間のどこかに位置している。それは、比較的自由な公共領域が存在すると同時に、公共領域の暗黙の前提とは食い違う日常の制度的経験が存在し、警戒、服従、隷属、遵守が推奨され、しばしば報奨の対象となる社会である。この社会は、市民的な対話の活力を奪う制度的神経症を生み出すのではないだろうか。そしてより広くは、家父長制的家族、国家、その他の階層的制度のなかで生活する累積的効果として、より多くの受動的人間——アナキズム、自由民主主義双方の理論家が賞賛するところの人間に本来備わっている相互の関わり合いを生む力を欠いている人間——が生み出されるのではないだろうか。

もしそうであるならば、公共政策の緊急の課題は、市民の独立心、自律性、能力などを高める制度を育てることである。民主的な市民の能力とより見合うように、どうしたら市民の制度的な生活世界を組み替えることができるだろうか。

断章16　穏やかな、直感に反した事例——赤信号の除去

日常生活の決まり事は、どこにでもありふれており、私たちの日常行動や予測に組み込まれているため、事実上気づかれることはない。交差点における信号機の例を取り上げてみよう。第一次世界大戦後にアメリカで開発された信号機は、それまで歩行者、荷車、自動車、自転車が行っていた譲り合いを、交通工学者の判断で代替するものであった。その目的は、調整を機械化することによって交通事故を防ぐことにあった。しばしば、その結果は、私が本書で最初に触れたノイブランデンブルクのようなことになった。すなわち、明らかに交通がまったくないにもかかわらず、多くの人が信号が変わるのを辛抱強く待つ光景である。彼らは習慣からか、もしくはおそらく交通規則に反することの結果を恐れる市民的な感情からか、彼ら自身の判断を封じ込めていた。

もし交差点に電気信号の秩序がなく、自動車の運転手や歩行者が彼ら自身で判断しなければならなかったら、何が起こっていただろうか。一九九九年以来、オランダのドラハテンで始まったこの想定に関する実験は、めざましい結果を生み、ヨーロッパを越えてアメリカにまで広まる「赤信号の除去」計画の一連の動きに至った。(4) この小さな政策の意図とその結果は、私が信じる

に、個人の独立した判断と能力を広げる余地を作り出すための制度を考案する、より深遠な努力へのよい兆しである。

二〇〇三年にドラハテンで、赤信号を除去するという直感に反する提案を最初に行った交通工学者ハンス・モンデルマンは、「共有された空間」という概念を引き続いて提唱し、それはヨーロッパにすぐさま広がっていった。彼は、停電により信号が作用しなくなった時に、交通渋滞が起こるよりむしろ交通がスムーズに流れたことを発見し、着想に至った。彼は実験として、ドラハテンで一日に二万二〇〇〇台の車が通行する最も交通量が多い交差点で、信号機の代わりに、自転車道、歩道を備えた環状交差点(ラウンドアバウト)を導入した。信号機を除去してから二年間の間に、交通事故の件数はわずか二件と急速に減少した。四年前の三六件と比較すると結果は明らかである。注意深く常識を働かせながら運転しなければならないと分かっている運転手は、きびきびと交差点を通り、渋滞やこれに伴うイライラはほとんど見られなくなった。モンデルマンは、この動きを、混雑しているスケート場で、他のスケーターの動きに合わせて走るスケーターに譬えた。彼はまた、信号が過剰になると運転手はかえって道路を見なくなり、交差点は事実上、より安全でなくなると信じていた。

私が見るところ、赤信号の除去は、責任ある運転と市民的な礼節を身につけるためのささやかな訓練だと思う。モンデルマンは原則として信号に反対しているわけではない。彼はドラハテンで、信号機が本当の意味で安全で、交通の流れを改善し、大気汚染を減らすことに役立っているということを見出せなかっただけである。環状交差点は一見危険に見える。そして、これこそが肝心な点である。彼は、「運転手が運転方法により気を遣うようになると、彼らは注意深く振舞うようになる」と論じ、「信号機の除去後の状況」に関する統計が、彼にこのことを確信させた。道路を他の使用者と共有し、信号機によって課される強制的な調整をもたない状況は、実際には運転手の注意を喚起することになった。そしてその注意は法律によってより強化されることになる。というのも、事故が起きた時に誰に責任があるか容易に分からない場合、おそらくは「最も強い」者が非難されるからである(すなわち、自転車乗りよりは自動車運転手が非難され、歩行者よりは自転車乗りが非難される)。

交通管理のための「共有された空間」という概念は、自動車運転手、自転車乗り、歩行者たちの知性、常識、注意深い観察から構成されている。同時に、ささやかな方法ではあるものの、自動車運転手、自転車乗り、歩行者の技術と能力を事実上高めることになるだろう。というのも、彼らは強制的な標識や信号の洪水(ドイツだけで六四八もの交通標識があり、それらは町に近づくにつれ増え始める)によってロボットのように扱われることがないからである。モンデルマンは、指示が多くなればなるほど、運転手は規則のなかでやりたいようにやることになると観察している。たとえば、信号と信号の間でスピードを上げ、ライトをめいっぱい光らせ、すべての自発的な親切行為を行わないようになる。運転手は、やりたいようにやるために規則の迷路をくぐり抜ける方法を習得してきた。モンデルマンは、世界を揺るがすような重大なことを行っていることに気がつかないまま、結果として総人間生産量の増大に明白な貢献を行ったのである。

交通規制におけるパラダイム転換は、高揚感をもたらした。オランダの小さな町は、彼らが「交通標識無し」(Verkeersbordvrij)であることを誇る標識を掲げ、「危険は安全」という新しい哲学を議論する会議を企画したのである。

第四章　プチ・ブルジョアジーへの万歳二唱

断章17　中傷されてきた階級を紹介する

いくら物質的な富が増加しても、自尊心を損ねたり自由を減じたりするような事態の埋め合わせをしてくれることには、……決してならない(R・H・トーニー)(1)

今は、誰かがプチ・ブルジョアジーのための弁護をすべき時なのだ。スポークスマンには困らない資本家や労働者階級とは異なり、プチ・ブルジョアジーは、自分たちのために発言をすることすらほとんどない。資本家たちが産業連合会やダヴォスの世界経済フォーラムなどに集まり、労働者階級は職種別組合大会などで集まるのに対して、私が知るかぎりでは、プチ・ブルジョアジーがその名のもとで集まった唯一の機会は、一九〇一年にブリュッセルで開かれた第一回プチ・ブルジョアジー国際会議であった。その後、第二回会議が開かれることはなかった。

いまだ比較的に特色がなく、しかもマルクス主義者の用語法では対自的に〔フュール・ジッヒ für sich〕階級とも自覚していないような階級の弁護を買ってでようとするのは、なぜなのか？　それにはいくつもの理由がある。第一に、そして最も重要なのは、より大規模で公的・私的な官僚的〔硬直化した〕制度によってますます統治されるようになっている国家システムのなかにあって、プチ・ブルジョアジーとその小さな財産は、おおよそ自治と自由の貴重な領域の代表的なものだと私が信じているからである。自治と自由は、相互性とともに、アナキストの感性の中核にある。第二には、いかない、いかなる政治システムのもとでも、プチ・ブルジョアジーが、必須の社会的経済的なサービスを提供していると私が得心しているからである。

第三には、その階級の範囲について妥当で一般的と思われるどの定義にしたがっても、プチ・ブルジョアジーは世界で最も大きな階級となっているからだ。代表的な職種である小売店主だけでなく、もし小規模自作農や熟練職人、行商人、小規模自営の専門職、そして唯一の財産が手押し車や手漕ぎ舟と何種類かの道具であるような零細商人らを含めるならば、その階級はずっと膨らむことになる。もしもその階級の周縁的な位置にいる者たち、たとえば、小作農や役畜を保有する自作農、ばた屋〔くず拾い〕、巡回市の女商人などをふくめれば、その階級はさらにもっと大きくなる。確かにそこでは自律性はずっときつく制限されているし、財産はほんとに微々たるものである。しかしながら彼らが等しく享受し、また彼らを事務員や工場労働者から区別しているのは、他人から指図されることなく、自らが働く日やその内容をコントロールしていることである。そのことが実際には、かろうじて生活できるくらいの報酬のために、一日に一八時間も働くことを意味している時には、いかがわしい自律性と見なすのが正当であろう。しかし明らかなのは、後に見るように、自律性への、働く日をコントロールできることへの、そしてそのことが生み出す自由と自尊心の感覚への欲望は、ひどく過小評価されてはいるが、世界中の人びとにとっての社会的希求そのものなのだ。

断章18　軽蔑の病因論

プチ・ブルジョアジーへの盛りだくさんの称賛を始める前に、それがひとつの階級として、なぜ、かくもひどい取り上げられ方をしてきたのかについて、立ち止まって考えておいたほうがよいだろう。プチ・ブルジョアジーに対するマルクス主義者の軽蔑は、ある程度は構造的なものである。資本主義者の産業がプロレタリアートを創出したのであり、それゆえに、自らの解放がシステムとしての資本主義を超克してゆくのはプロレタリアートだけである。奇妙なことに、しかし論理的でもあるのだが、マルクス主義者たちは、封建主義を超克し近代産業という莫大な生産力を解き放った資本主義者たちに、不承不承ながらも感嘆の念を抱いている。彼らは、確かに、物質的な潤沢さのただなかに労働者の革命と共産主義の勝利のための舞台を提供してくれた。対照的にプチ・ブルジョアジーは、どっちつかずで得体のしれない存在である。彼らのほとんどは貧しい、しかし貧しい資本主義者である。彼らは、時には左翼と連携するが、しかしうわべだけの友人でしかない。彼らは、対立する両陣営に通じており、彼ら自身が大規模資本家になりたいという欲望をもっているために、その忠節は基本的には信頼できない。

フランス語の「プティ」(petite)から、英語のたとえば「スモール」(small)ではなくて「ペティ」(petty)へと直訳をしたことが、いっそうのダメージを与えている。今では、その言葉は単に小さいというだけでなく、たとえば「小物の法律家」(pettifoggery)や「小銭」(petty cash)、あるいはただ「つまらぬ／取るに足らない」(petty)というように、侮蔑の含意を込めて瑣末なという意味をもっているようだ。そしてそれが「プチ・ブルジョアジー」という合成語になると、成金たちの俗物趣味やお金と財産に固執する粗野な熱望に対する、マルクス主義者、知識人階級、貴族階級らの軽蔑とに合致することになる。ボルシェビキ革命のあとには、プチ・ブルジョアジーというレッテル貼りは、監獄、亡命、そして死を意味しえた。プチ・ブルジョアジーに対する軽蔑は、後のナチスの反ユダヤ主義がユダヤ人を病原菌として語るような、疾病は細菌が引き起こすとする病因論へと接合された。ブハーリンは、ストライキをする労働者と船員たちに汚名を着せて糾弾し、クロンシュタットでは「プチ・ブルジョアジー感染症が農民層から労働者階級の一部へと蔓延していった」[(2)]と書き留めている。集団化に抵抗した小農たちは、同様な用語で酷評された。すなわち、「ブルジョアの瘴気(毒気)とプチ・ブルジョアジーの病原菌による現実の危機がいまだに続いており、殺菌が必要である」[(3)]。この最後の事例では、問題とされている病原菌とは、収穫期には何人かの労働者を雇うような幾ばくかの余剰作物のある、ほとんどすべての小規模自作農のことであった。そして、もちろんのこと、プチ・ブルジョアジーの圧倒的多数は、比較的に貧しく、働き者で、かろうじて収支を合わせられる程度の資産しかもっていない。彼らが行う搾取は、おもに家父長的な家族のなかに限られていた——ある文筆家が「自己－搾取」(4)と名付けたものである。

プチ・ブルジョアジーに対する嫌悪には、私が思うに、構造的な要因もあり、それは、かつての社会主義陣営にも、資本主義下の様々な民主主義でも等しく共有されてきた。事実、いかなる形のものであれ小規模の財産のほとんどは、国家の管理を巧みに避ける手段をもっている。小規模な財産は監視したり、課税したり、管理したりすることが難しい。それは、まさにその活動の複雑さや多様さや流動性によって、規制や強制に抵抗する。スターリンをがむしゃらな集団化へと駆り立てた一九二九年の危機は、まさしく、小規模自作農から余剰作物を取り立てることに失敗したことから生じた。一般的に言って、あらゆるタイプの政府は、作物や税金をより簡単に取り立てることができる生産ユニットが、いつもお気に入りであった。この理由によって、国家は、ほとんどいつも、移動する民——ジプシー、遊牧民、巡回商人、移民労働者——の不倶戴天の敵であり続けた。なぜなら、彼らの活動は分かりにくく、いつも動き回っていて、国家のレーダー探査をかいくぐって低く飛ぶからである。ほとんど同じ理由から、国家は、アグリビジネス、集団農場、プランテーション、そして小規模自作農や小規模商人を傘下におさめる国家取引委員会などを好んできた。国家は、大企業、銀行、財閥などのほうを、小規模の商業や産業よりも好んできた。しばしば前者のほうが後者よりも非効率なのだが、財務当局は、そちらのほうをずっと容易に監視したり、規制したり、課税したりできる。国家の徴税能力が広範囲に及べば及ぶほど、それを免れるために「グレー」や「ブラック」の非公式で報告義務のない経済が立ち現れてくる。そして言うまでもないが、前者のように大規模で豊富な財力をもつことが、権力サークルのなかに特別な地位を与えてくれるのである。

断章19 プチ・ブルジョアジーの夢——財産という魅惑

とっても長い話になるのを手っ取り早く言ってしまえば、ヒト(ホモ・サピエンス)は地球上に二〇万年ほど存在してきた。国家は、およそ五〇〇〇年前に「発明」されたに過ぎず、一〇〇〇年ほど前までは、ほとんどの人類は国家などと呼びうるものとは無関係に生きてきた。国家のなかに住んでいた者たちの大半は、小さな財産を保有する者(農民、職人、商店主、商人)たちであった。一七世紀からある種の代表権などというものが生じてくると、それらは地位と財産に基づいて付与された。近代という時代を特徴づける大規模な官僚組織というものは、おそらく元々は修道院と兵舎をモデルとしたであろうが、基本的には過去二世紀半の産物である。このことは、別の言い方をすれば、国家の外側の生活には長い歴史があり、そして国家の内側の生活も一八世紀までは、まったく異なる二つの種類の人びとの間で、はっきりと異なっていたのである。一方には、公的には自由をもたない人びと(奴隷、農奴、召使い・従者)がおり、他方には、理論的にも実際にも、家族をもつために必要な諸権利を有するかなりの数の小規模な財産保有者たちがいた。彼らは土地を保有し相続し、貿易商の組合を作り、村のリーダーを選び、支配者に請願をすることができた。劣位の階級に許されたある程度の自治や自立は、二つの形をとることになった。国家の手の届かない周辺部で生活するか、国家のなかにあっても小規模の財産を保持することで最低限の権利をもって生活するかである。

私が思うに、多くの社会で見られる、一片の土地、自分の家、自分の店をもちたいという途方もなく強い欲望は、それらが可能にする自由な行動や自治や安全という実際面での余裕とともに、国家や隣人たちの目に映るところの小規模の財産と結びつく尊厳や地位や名誉への希求のゆえである。トーマス・ジェファーソンにとって、自立した小規模農業は社会的な善を促し、民主的な市民社会のための基盤であった。

> 大地を耕す者たちは、最も大切な市民であり、彼らは、最も活気があり、最も独立心があり、最も実直であり、最も永続する絆によって国と結びつき、その市民の利益追求の自由と一心同体となっている。(5)

農民社会について本で読み、また自分がそのなかで暮らしてきた経験をとおして、私は、ギリギリの生活を送るような小農たちが一片の狭い土地にしがみつく、信じられないほどの執着を無視できないことを学んだ。純粋に経済的な論理からみれば、もっと利益を得られそうな小作になったり、町に出てしまったほうが良い生活が送れそうであっても、彼らは瀬戸際のギリギリまで可能なかぎり土地にしがみつこうとした。自身の耕作地をもたない者たちは、長期の小作契約を、できれば親族から得ようとした。それは、社会的地位としては自作地をもつことに次いで望ましいことであった。自作地も、何とか生きてゆける小作地ももてず、他人のために働かざるをえない者たちは、最後の拠りどころとして村のなかの宅地を何としても保持し続けようとした。純然たる収入だけに限ってみれば、かなり多数の小作農たちが小規模な自作農たちよりも、そしてかなり多くの農業労働者のほうが小規模な小作農たちよりも良い暮らしをしていた。しかしながら、農民たちにとって自律性、独立性、それゆえの社会的地位は決定的であった。小規模な自作農は、小作農とちがって、農業をするための土地を誰かに依存することはないし、小作農は賃労働者とちがって、少なくとも季節がくれば耕す土地があり、自身の働く日を自分で決めることができた。いっぽう農業労働者は、隣人や親戚の善意に頼るという恥ずかしい立場に置かれた。いちばんの屈辱は、自立していることの最後の物質的象徴である宅地を失うことであった。

村の階級システムの梯子を一段ずつ落ちてゆくことは、経済的な保障と自立した地位を一つずつ失ってゆくことを示した。プチ・ブルジョアジーが抱く夢の内実は、しかしながら、収入保障の抽象的な計算ではなく、彼らの小さなコミュニティにおいて十全な文化的市民権を得ることへの深い欲望であった。財産が意味したのは、社会的な地位と重要性を表すような仕方で立派な結婚式や葬式を挙げられること、そしてマレーの小さな農村であればラマダン明けの祭宴を催すことであった。これらの儀礼を催せる堅実な資力をもつ安定した「中農たち」は、村で最も影響力のある人間であるだけでなく、真似すべき、そして自らもそうなりたいと願う手本であった。この基準にはるか達しないということは、文化的市民としては二流になることであった。

プチ・ブルジョアジーたちの挫折した夢は、革命にまで至るような騒乱を引き起こす標準的な着火剤となる。「耕作者に土地を」は、似たような表現がいくつかあるが、ほとんどの農民革命において、きわめて効果的なスローガンであった。一九一七年のロシアにおける地方の革命は、徴集された兵たちがオーストリア戦線での敗北の後に故郷に逃げ帰り、すでに始まっていた土地占拠に加わったことによって加速された。革命以前の中国における土地なし労働者、いわゆる「独身男」(どこにも属さない余計者)の多くにとって人民解放軍は、自身の土地を得て、(家父長的な)家族をもち、心底から望んでいた文化的市民権——何よりも名誉ある葬式を意味した——を獲得するための貴重なチャンスを提供した。実質的にほとんどすべての二〇世紀の革命に農民層が熱狂的に参加してゆく鍵(餌?)は、土地を所有し、それによって地位と独立が得られることへの期待であった。農地解放が集団化に取って代わられた時、ほとんどの農民たちは、それを彼らの切望への裏切りとして受け取り、抵抗した。

プチ・ブルジョアジーの夢は、産業プロレタリアートの想像力のなかにも同様に染みこんでいる。赤いプロレタリアートのなかでも極左であり、レーニンが革命の夢を託した、ドイツ・ルール地方の一九一九年ストライキの闘争的な炭鉱労働者と製鉄所労働者は、この点に関して印象的な事例である。(6) 望むものは何かと聞かれた時、彼らの希望は驚くほど控えめなものであった。予想されるように、彼らは、高い賃金と、短い労働、長い休憩を求めた。しかしマルクス主義者たちが蔑んで「職能別労働組合意識」と呼ぶであろうものを超えて、彼らは職場のボスに尊厳をもった存在として扱われる(そして「Xさん」と尊称を付けて呼ばれる)こと、そして自分のものと言える小さな庭付きの家をもつことを切望した。新しく工業化されたプロレタリアートが、出身の村で抱いていた願望をもち続けるだろうことは何ら驚くには当たらない。しかし、社会的尊敬という快適さと土地に支えられた自立した生活という文化的象徴を手に入れたがる彼らの希求は、労働者階級がおカネのことしか考えられない「節約家」だとか、逆に革命的なプロレタリアートだとかいうステレオ・タイプには当てはまらない。

過去の数十年にわたって、アメリカ合衆国でよく実施されてきた世論調査では、産業セクターの労働者に、どんな仕事が工場労働よりも好ましいかを尋ねてきた。彼らは、驚くべき高い比率で、商店かレストランをもつか農業をすることを切望している。(7) これらの夢に共通するテーマは、四六時中の監視からの自由と働く日を自由に決められることであり、それらは彼らから見れば、そうした小ビジネスのリスクや長時間労働を補って余りあるものなのだ。もちろん、ほとんどの者たちは、この夢を実現しようと動くわけではないが、ファンタジーとして長く続く強靭さは、その魅力をよく示している。

「賃金奴隷制」とは違う本当の奴隷制を知っている者にとって、自立した生計が可能であるということは、それがいかに危ういギリギリなものであっても、夢の実現であった。(8) 南北戦争の後、南部連合国の全州の奴隷たちは、ひとたび解放されるや、プランテーション農園から逃れてその周辺の無主の共有地に住みつき、かろうじて生きてゆける自立の暮らしを始めた。散弾銃、ラバ〔雄ロバと雌馬の子〕、乳牛、釣り針、何羽かの鶏とガチョウ、そして犂《すき》があれば、一時的に現金が必要な時を除けば「主人」のために働く必要のほとんどない、自立した暮らしをすることがとう可能になった。貧しい白人たちも、より豊かな隣人たちに依存するという面目ない状態をさけるために、共有地でほぼ同様な生活を送った。その結果がプランテーション経済の終焉であった。それが大きく変容した形でかろうじて復活したのは、自立した黒人や白人たちを共有地から締め出し、労働市場に追いたてるよう明確に設計された「フェンス法」が一八八〇年代に南部全域に施行されてからであった。その結果が悪名高い刈り分け小作制であり、合衆国が作った奴隷制に最も似た制度であった。

自律性への希求はそれほど力強く、それゆえに想定外の形態をとって現れたりする。工場などでは、組み立てラインが労働者の自律性を消滅させるギリギリ極限まで減じて調整されている時、彼らは、自律性の表明として、「悪ふざけ」のための自主的な時間を盗み返す。(9) リバー・ルージュにあるフォード自動車工場の組み立てライン労働者は、遅れずに素早く仕事を処理して、居眠りをしたり、何かを読んだり、リベットを使ったホッケーの危ないゲームをしたりするための場所を見つけ出している。社会主義のハンガリーの労働者たちは、実際には何の役にも立たないが、わざわざ時間を盗みとって「ホーマー」――自分たちのための小さな旋盤――を作っていた。「遊び」を根絶させるように考案された労働のシステムのなかで、労働者たちは、創造的なやり方によって、この客体化と退屈さを拒否するのである。

現代のアグリビジネスは、それ自身の利益のために、ほとんど極悪非道に近いやり方で、農民たちの小さな財産と自律性への切望を喰い物にしてきた。鶏の契約飼育のやり方が、その特徴をよく表している。(10) 鶏を閉じ込める巨大な鶏舎での操業は、疫学的にきわめて危険であることがよく知られている。そのため大企業は、若鶏の飼育を下請け契約を結んだ「自立した」農家に任せる。下請けは、タイソンや他のアグリビジネス会社の定める詳細な指示にしたがって、大きな鶏舎を自分で建設する責任があり、そのための資金の抵当も自分で用意しなければならない。アグリビジネスは、若鶏を提供し、餌やり、水やり、投薬、清掃の管理を契約でこまごまと定め、しかもそれらに必要な品々を売りつける。下請けの日々の作業はしっかりと監視され、契約の終了時に、鶏の肥育度と生存率に応じた支払いを受けるが、その額は市場価格の変動に応じて調整される。契約は何度も繰り返し更新されるが、次もそうなるという保証はどこにもない。

このシステムが邪悪なのは、見せかけの自立と自治を保ちながら、実質的な内実のすべてを骨抜きにしていることである。下請け契約者は、自立した土地持ちだ（同時に担保として押さえられている）が、しかし彼の労働日と作業内容は、組み立てラインの工員と同じように、ほぼ割り当てられている。しつこくつきまとう監視人はいないが、もし契約が更新されなければ、彼の鶏舎の大きさに応じた担保を取り上げられてにっちもさっちも行かなくなる。アグリビジネスは、事実上、土地所有、信用貸しを得る資本、多くの従業員——彼らは様々な手当を要求するだろう——の労務管理にともなう種々のリスクを下請け契約者に転嫁し、他方で、厳格な監視や標準化、品質管理を達成するためにデザインされた近代的な工場がもたらす利点のほとんどを最大限に享受している。そして、実際に、そのように機能しているのだ！ 自立した財産の保有者としての尊厳を最後まで手放したくないという切望がそれほどまでに強いために、「農民」はそれが意味するところのほとんどすべてを、自ら進んで失ってしまうのだ。

人間が生きる状況をめぐってアナキストが他にどのようなものを見逃していようとも、小さな財産で得られる尊厳と自立を求めて行動する力を信じられたのは、それこそが人びとの想像世界に関するアナキストの洞察に富んだ理解だったからである。プチ・ブルジョアジーの自立の夢は、実際には達成しがたいものであっても、産業革命によって死に絶えたわけではなかった。むしろ、新たな活気を取り戻したのである。(11)

断章20　プチ・ブルジョアジーのさほど小さくはない機能

イギリス清教徒革命の際のディッガーズ（真正水平派・最左翼）とレヴェラーズ（平等派）に始まり一九一一年のメキシコ革命の時の農民へ、そして一〇〇年ほど前のスペインのアナキストへ、また非常にたくさんの反植民地運動へ、さらに現代のブラジルの大衆運動へと、土地を得たい、または失われた土地を取り戻したいという切望は、平等を求める過激な大衆運動のほとんどすべてで繰り返されてきたライトモチーフ（主題）であった。プチ・ブルジョアジーの夢にアピールできなければ、それらは何のチャンスも見出せなかったであろう。

マルクスが、ルンペン・プロレタリアートに次いでプチ・ブルジョアジーを軽蔑したのは、彼らが小さな財産を有しており、それゆえに小さな資本家であったという事実に基づいていた。プロレタリアートだけが、資本主義によって生み出された新しい階級であり、財産をもたないがゆえに、真に革命的になりえた。なぜなら彼らの解放が資本主義の超克にかかっていたからであった。この推論が理論的にはいかに妥当であっても、歴史的な事実としては、西欧においては一九世紀の末に至るまで、職人たち――織工、靴職人、印刷屋、石工、荷車職人、大工――が、最も過激な労働者階級の運動の核となっていた。古くからの階級として、彼らは共同体主義の伝統、すなわちいくつもの平等な慣行と、新しく組織化された工場労働者が及びもつかないような地域的な凝集力を共有していた。そして、もちろんのこと、一八三〇年代からの経済の大きな変化が、コミュニティとして同業者仲間としての彼らの存在そのものを脅かした。彼らは、自分たちの自律性を守るために、後衛としての抵抗戦を戦った。バリントン・ムーアが、E・P・トムスンの議論と共鳴させながら、次のように言っている。

急進主義の主要な社会基盤は農民と都市下層職人である。これらの事実から、人間の自由の源泉は、マルクスが見たように権力をまさに握ろうとしている諸階級の大望の中だけでなく、おそらくそれ以上に、進歩という波によってまさに押し流されかけている階級の断末魔の声のうちにこそあるという、結論を引き出せるかもしれない。(12)

冷戦期を通じて、標準的な反革命の選択肢は先手を取った農地改革であったが、それはしばしばエリートに邪魔された。一九八九年に社会主義ブロックが崩壊した後になって初めて、世界銀行のような組織のネオリベラルな合意として、政策アジェンダから農地改革が削除された。ささやかな財産への危機が右翼の運動をひとたびならず引き起こしたこともまた正しいが、職人や小農と、小さな財産の自立不可侵性への彼らの切望を関心の中心近くに置くことをせずに、平等を求める戦いの歴史を書くことは不可能である。(13)

発明と創造において、プチ・ブルジョアジーが果たしている不可欠の経済的役割に関して、説得力ある実例をひとつ紹介したい。彼らは、新しいプロセス、機械、道具、産物、食料、アイデアの、最終的な受益者には普通なれないにしても、それらのほとんどを生み出すパイオニアなのだ。そのことが最も明白なのは、現代のソフト・ウェア産業であり、そこでは実質的にすべての斬新なアイデアは個々人か小さな共同ベンチャー企業によって生み出され、大会社に買い上げられたり吸収されたりする。大企業の役割が、本質的なところでは、発明の領野を「偵察」し、将来性のある有望な(あるいは危険な)アイデアの案出者を雇用したり、こっそり盗んだり、買収したりして、占有することになってきている。大企業の比較優位性は、主として資本力、市場での競争力、ロビー活動の強さ、そして垂直統合にあり、彼らのオリジナルなアイデアや発明にあるわけではない。確かにプチ・ブルジョアジーは人間を月に送ったり、飛行機を作ったり、海底油田を掘ったり、病院を経営したり、薬や携帯電話を作ったり売ったりすることはできない。が、しかし大企業がそうしたことをできる力は、大体において、自分たちではできなかったし将来もできないであろう何千もの小さな発明と種々のプロセスを統合する能力によっている。(14) もちろん、そのこと自身が重要な発明である。しかし、大企業が市場を独占できる秘訣は、まさしく潜在的な競争相手を排除したり呑み込んだりできる力にある。そうすることによって大企業は、促進するのと少なくとも同じくらいの数の発明を、疑いもなく抑圧している。

断章21「無料の昼食」、プチ・ブルジョアジーの親切

もし笑顔を見せられないならば、店を開いてはならない(中国のことわざ)

割と最近のこと、私より先に到着していた友人とともに、彼女の高齢のご両親が住むミュンヘンの家で数日を過ごす機会があった。ご両親はだいぶ弱ってきていて、大体はアパートに引きこもっていたが、さわやかな夏の朝には近所を短時間でも散歩することに強く固執していた。数日続けて、友達と私は朝の買い物をして回るご両親に付き合ったが、それはまさに「一巡り」であった。彼らは最初に小さな食品雑貨の店に行き、そこで野菜と保存食品を少しばかり買った。次に、バター、牛乳、卵、チーズを売る近くの店に寄った。次に、肉屋へ入って豚の腰肉を、次は、果物を売る屋台へ、そして最後には、小さな公園で子供たちが遊ぶのを見ながらひと休みしてから、週刊誌と地方新聞の売店へ。それはほとんど変わらない日課らしく、それぞれの店でいつも、その日の他の買い物客の数に応じて、長かったり短かったりする会話をしていた。天気や近くで最近起きた交通事故のことについて話したり、互いの友人や親戚の消息を尋ねたり、近隣での出産について言及したり、息子や娘たちがどうしているか聞いたり、うるさい交通騒音について意見を言ったり、その他、いろいろだった。

その時の会話の内容は浅くて楽しみだけのものであり、日々の生活のなかのちっちゃな変化についてであったかもしれない。だが、見も知らぬ誰かのことなどでは決してなかった。話している者同士、互いの名前と家族のおおよその歴史を知っていた。私は、その時に立ち現れた、内容は空疎かもしれないが穏やかな社会性に強く心を打たれ、こうした散歩の一巡りは友達の両親の一日の社会的なハイライトであることを理解した。彼らは、そこでした買い物のほとんどを、それほど遠くはない大きな店でもっと効率よくすることができた。すぐに思いつくのは、店の主人は、短時間だけれども親密な仲間付き合いを顧客に提供している無給の社会活動家だということだ。「無給の」というのは、もちろん、まったく正しくない。彼らの価格が大きな直販店よりもずっと高いのだから。店主たちは、笑顔と冗談話とが安定して義理がたい顧客を作り、それゆえ商売をうまくやってゆく方法であることを、心の内で分かっていた。しかしながら、店主たちの笑顔の仮面について必要以上にシニカルにならないために、そうした冗談話は、カウンターの向こう側で、切ったり、計ったり、銭勘定をして過ごすだけの彼らの辛い一日を、和らげてくれるだろうことについても留意しておく価値がある。

この小さな場面においてプチ・ブルジョアジーは、日々の頼れる社会サービスの類を無料で提供しており、それを公務員や行政機関が真似しようとしてもおそらくはできないだろう。それは小店主が商売をしていくなかで自分の利益のためにするいくつもの無料のサービスのひとつにすぎない。ジェーン・ジェイコブズは、近隣居住区のきめ細かな成り立ちと公共安全に関する深い民族誌的洞察のなかで、これらのサービスの数々の一覧を作っている。[15] 彼女の「街路を見守る目」という表現は、一九六〇年の完全にオリジナルな観察であるが、現在でも都市の近隣居住区をデザインする際の原理となっている。それは、多くが互いに顔見知りの、歩行者、小店主、住民らによる、近隣居住区の非公式だが持続する注視のことを指している。彼らの存在は、街路という場を生き生きとさせるものだが、外からの介入の必要がほとんどかまったく要らないくらいに、公共の秩序というものを非公式に維持するよう作用している。私たちの目的にとって重要なのは、「街路を見守る目」が、人口密度が高く、いろいろな用途が入り混じった近隣居住区を必要としていることである。そこには、人びとがちょっとした用事や、ウィンドウ・ショッピングや、配達などのために歩いて行きかうような、小さな商店、アトリエ、アパート、そして各種サービス業の店が並んでいる。これら一連の活動のなかで頼りになるのは、プチ・ブルジョアジーたちであり、彼らはほぼ一日中そこに居り、顧客たちのことを知っており、非公式の注視を街路に向けている。そのような近隣居住区は、ほとんど人の往来のないさびれた地区よりもずっと安全である。ここでもまた、価値のあるサービス、すなわち公共の安全を保証することが、他の活動とのコンビネーションの副産物として、しかも公共の負担なしに提供されている。そうした非公式の構造がないところでは、警察でさえも効果的に安全を守ることは困難である。

プチ・ブルジョアジーは、たとえば小店主の笑顔のように、様々なサービスを提供していたが、それらをお金で買うことはできない。ジェイコブズは、実質的にほとんどすべての区画ごとに、長時間開いている店が少なくとも一軒はあり、地区の住民たちはその店主に、自分が不在の間に他の町に住む親戚や友人らが使えるようアパートの鍵を預けることに気づいた。店主は、顧客への特別扱いとして頼まれた時には、このサービスを提供した。こうしたサービスを公共機関が提供することはほとんど想像できない。

確かに「巨大スーパー」は、仕入れ者としての交渉力ゆえに、プチ・ブルジョアジーよりも安い値段で大量の工業製品を消費者のもとに届けることができる。しかしながら、ひとつはっきりしないのは、プチ・ブルジョアジーが提供するすべての公共財(正の外部性)を計算に入れたとしたら、長期にわたる全体の決算として、巨大で非人間的な資本家の会社よりも、競争力が果たしてないのかどうか、という点である。それらの公共財とは、非公式のソーシャル・ワーク、公共の安全、活気があって興味を誘う街路の景観という美感に訴える楽しみ、社会的な経験と個人向けサービスが多様にあること、知人たちのネットワーク、近隣居住区の非公式のニュースと噂話、社会的連帯と公的行動を作ってゆくための素材、そして(小規模自作農の場合は)土地の適正な管理、等々である。そして、彼らは自信にあふれ自立した、土地を保有する自作農(yeoman farmer)というジェファーソン主義者の理想の域には達していないかもしれないが、ウォルマートやホーム・デポの店員たちよりはそれに近づいている。

最後にもうひとつ言っておく必要がある。小規模自作農と小店主が幅をきかせている社会は、今までに考案された他のいかなる経済システムよりも、平等性と生産手段の大衆所有制にいちばん近づいているのだ。

第五章 政治のために

断章22 討論と質——質の計量的測定に対する反論

ある日、ルイーザが「ねえトム、私は不思議に思うの」と弟に話しかけたところ、それを立ち聞きしていたグラッドグラインド氏が突然あらわれて、「ルイーザ、疑うことはやめなさい」と叱りつけた。

ここにこそ、情操や愛着の涵養に打ち負けることなく、理性を教育するための機械的な技法と奥義の源泉がある。決して疑問を抱いてはいけない。足し算、引き算、掛け算、割り算で、すべてを何とか解決するのだ。決して疑問を抱いてはいけない(チャールズ・ディケンズ『ハード・タイムズ』)

私企業という理念の強みは、それがびっくりするほど単純であるところにある。……

この理念は、質的差異を無視して、すべてを数量化しようとする現代の傾向とも完全に一致する。なぜならば、私企業というものは、その生産物には興味をもたず、生産から得られる利益にしか関心を払わないからである(E・F・シューマッハー『スモール・イズ・ビューティフル――人間中心の経済学』)

ミア・カンは、机の上のテスト用紙を見つめた。

それはただの練習だった。教師たちはそれを、生徒が「テキサス州知識技術教育評価テスト」でどれだけの点を取れるかを知るための「模擬テスト」と呼んだ。

しかし、マッカーサー高校の新入生ミアは、マークシートの円を埋めて教師を喜ばすかわりに、エッセイを解答用紙に書いた。標準化されたテストを実施して採点し、子供たちを評価し学校をランクづけることに反対する内容だ。

「私は標準テストが、いかに学校と子供たちを傷つけていて、何の役にも立っていないのかについて書きました」と、ミアは語った。彼女は一四歳の年齢よりも大人らしく見えるし、振る舞う。「ただ私は自分が完全に反対しているものに参加したくなかっただけなのです」。

「これらのテストは、子供たちが本当に知るべきことを学んでいるかではなく、測りやすいものだけを測るのです。私たちは暗記するだけではなくて、概念や技術を学んでいるべきです。これは子供たちにとっても先生にとっても残念で悲しいことです」。そう彼女は

――語った。

二〇〇一年「落ちこぼれ防止法」の要請する教育とテストがついに教室にまで届いてきた時、生徒たちによる反乱のうねりが生じた。ミア・カンの勇敢な態度は、その小さな例のひとつだった。マサチューセッツ州のダンバース高校では五八人の生徒が、マサチューセッツ州包括教育評価システムのテストを受けるようにとの指示に反対する請願書に署名した。テストを受けるために着席することを拒否した生徒は、停学処分になった。同州の他の高校の生徒も彼らに加わった。「拒否分子」とも呼べる者たちが国中で立ち現れた。ミシガン州では多くの生徒が、ミシガン州教育評価テストを辞退した。ウィスコンシン州の高校で卒業の条件として課された「卒業テスト」は、保護者と生徒の大きな反対によって頓挫した。新たに課されたテストのための詰め込み教育に怒った教師たちが、優れた実績に与えられるボーナスを集団で拒否して抗議したこともあった。小学校低学年の生徒に課されるテストに対しては、子供たちに代わって保護者が抗議活動をした。保護者は、子供が低学年のうちに確実に文字を読み書きでき、計算ができるようになることの必要性については理解しつつも、子供たちが教室で「テスト地獄」の雰囲気に呑み込まれることに反対した。

ほとんどすべての抵抗を引き起こしたのは、教室のなかのひどい退屈さをさらに悪化させた詰め込みによる「テストのための教育」を嫌う生徒たちだった。テストの準備は、生徒と教師の双方にとって疎外された労働だっただけではなく、芸術、演劇、歴史、スポーツ、外国語、創造的作文、詩、野外実習など、それ以外のことに使う時間をほとんど奪った。共同学習、多文化カリキュラム、多様な知性の涵養、発見志向の科学、問題対応型の学習といった、教育を活性化させるであろう他の目標は失われてしまった。

学校は、「単一の生産物」を作る工場へと変わってしまう危機にあった。その生産物は、狭い知識と受験技術を測るために作られた標準テストに合格できる生徒たちに他ならない。ここで、学校という近代の制度は、初期の縫製工場とほぼ同時期に発明されたことを今一度思い起こしておくべきだ。どちらもが、生徒や労働者をひとつ屋根の下に集めて閉じ込めた。どちらもが、管理と評価を簡単にできるよう、時間厳守の規律と業務の細分化を生み出した。どちらもが、信頼できる標準化された生産物を生み出すことを目的にしている。現代における地域や全国レベルでの標準テストの重視は、数値を重視する企業マネジメントのモデルに基づいている。そのモデルを用いれば、教員間、学校間、生徒間を比較して、尺度に見合ったそれぞれの達成度に応じて報酬を与えることができるようになる。

もっとも、テストが信頼に足るのか、測ろうとするものを本当に測れているのかという問題については、深刻な疑念がある。単なる詰め込み教育で生徒を訓練してより良い成績をとらせることができるのなら、そもそもテストが彼らのどんな根本的な知識や技術を測れているのか疑わしい。標準テストは、女性、アフリカ系アメリカ人、英語を母語としない生徒たちがその後に発揮する能力と実績を、一貫して実際よりも低く予測してきたことが明らかになっている。そして何にもまして危険なのは、いちかばちかのテストに煽られた教育が疎外感を助長して、何百万もの若者に学校教育そのものに対して一生涯にわたる拒絶反応を与えてしまうことである。

　標準テストを管理の手段と生産性の比較測定法として用いることを最も好むのは、その影響を激しく被る教室というグランド・ゼロ地点から最も離れたところにいる教育長、市や州の教育行政官、州知事、教育省の政策決定者たちだろう。彼らはみな、実際には標準テストがいかに信頼に足らないものであっても、それによって相対的な教育達成度という生産性の指標と、強力な動機づけのシステムを手にして、自らの教育プランを押しつけることができる。ほとんどの国で教育がまったく逆の方向へと向かっている時に、アメリカが教育システムの均質化を選ぶべきだというのは奇妙なことだ。たとえば、フィンランドは、外部テストも、生徒や学校のランキングも用いていないが、教育達成度のすべての国際的な比較において群を抜いて上位にいる。優秀な大学のほとんどは、全国的に実施される「学業成績達成テスト」(もともとは「大学進学適性試験」だった)を受験するよう生徒に要請したり、促したりすることさえすでにやめている。大学で学ぶという貴重な機会を割り与えるために、長年にわたって単一の全国テストを用いてきた国々も、「創造力」を涵養するために、テストを廃止したり、その重要性を減らす方向へと大急ぎで向かっている。そして皮肉なことに、彼らはしばしばアメリカ型のシステムを模倣することで、こうした改革を行っていると考えているのだ！

多くの教師は、自分自身と彼らの学校の将来が毎年のテスト結果にかかっていると知っている。そのため彼らは、生徒たちに情け容赦なく詰め込み教育を課しただけでなく、良いテスト結果を確実に得るべく不正を働いた。テスト結果の偽造という流行病が国中で広がった。もっとも最近では、ジョージア州アトランタで不正が発覚し、調査対象となった五六校のうち四四校もが、誤答を正解に書き換えるなど組織的に生徒の解答を偽造していたことが明らかになった。(1) テスト結果の改善に優れた実績をあげて二〇〇九年全国教育長賞を受賞した教育長は、三年間で目標を達成しなければ教師を解雇するとして、学校中に恐怖を巻き起こしていたことが分かった。一八〇人以上もの教師が、テスト結果の偽造に関わっていた。エンロン社の「最も優れた社員たち」は、四半期ごとの目標を粉飾決算でごまかして常に配当金を確保し続ける方途を見出した。それと同じように、アトランタの教師は、自らの目標を満たす方法を、期待されたのとは違う形で見つけ出した。賭け金はより低いものの、付随的な損害はエンロン社と同じくらいに壊滅的であり、「制度の抜け道を悪用する」論理は基本的には同じである。

断章23　もしそうなったら……？　監査社会の夢想

ここで私と一緒にちょっとした夢想に加わってみてはいかがだろうか？　時代は二〇二〇年。イェール大学総長リチャード・レヴィンは、長年にわたる華々しい在職期間を終えて退職したばかりだ。彼は総長として「二〇二〇年パーフェクト・ヴィジョン」を宣言していた。その計画によれば、建物はひとつ残らず建て替えられて光輝いており、学生たちは二〇一〇年よりも、いっそう早熟で、成熟して、組織化されている。今や合併した「USニュース・アンド・ワールド・レポート」と「消費者レポート」は、最高級ホテル、高級車、高級芝刈り機と同等に、イェール大学をすべての分野にわたって一位にランクづけしているというのだ。なるほど、ほとんどの領域ではそうかもしれない。だが教員の質は、すべての重要なランキングに反映されているように、悪化しているようだ。その凋落に対して、イェールの競合者たちは、ひどいもんだと首を横に振っている。一見すると、「イェール株式会社」宣言は晴れやかに思える。だが、それが実際に何をもたらしているのか状況を正しく把握する者たちは、品位を乱さないまま増大していくパニックを察知できる。

懸念のひとつの兆候は、レヴィン総長の後任者としてコンドリーザ・ライス元国務長官が選ばれたことから読み取れる。ライスは最近では、フォード財団で強引な実務の合理化を推し進めた。周知のように、彼女はイェール大学の総長となった最初の有色人女性である。もちろん、他の四つのアイビー・リーグ校では、これまでにも有色人女性の総長がいた。イェール大学は、「何か新しいことを試す最初の人間になってもいけないし、最後の人間になってもいけない」というニュー・イングランド農民の掟にいつでも従ってきたのだから、これは驚くべきことではない。

ただし、ライス総長は象徴的な理由のために選ばれたわけではなかった。彼女は、最も先進的な品質管理技術を用いて、教員組織の徹底的な再編成を断行すると約束したことで選ばれたのだ。彼女の管理技術は、一九世紀後半におけるパリのグランゼコール〔フランスの高等専門教育機関〕で始まった初歩的なものを完全化させたものであり、一九六〇年代にはフォード社と国防省でロバート・マクナマラが行った組織運営革命によって、一九八〇年代にはマーガレット・サッチャーによるイギリスの社会政策と高等教育の経営革命によって体現された。この管理技術は、個人や部署による生産性を数的に測定する産業管理技術の発達によって精緻化された。世界銀行がそれをさらに発展させた。そして高等教育の領域では、上位一〇のマンモス大学によってほとんど完全なまでに高められ、遅まきながらアイビー・リーグにまで及んできた技術である。

私たちは、イェール株式会社の役員のなかでも信頼できる複数の情報源によって、ライス博士が採用面接でいかに彼らを魅了したのかを知っている。彼女は、イェール大学がうまく維持してきた、政治における封建主義と、財務管理における資本主義の賢明な組み合わせに敬意を表すると言ったらしい。この組み合わせは、大学運営における「参加型専制政治」と称賛されるに至ったイェール大学の長い伝統とともに、彼女の考案した改革案と完全に合致した。

もっとも、教員の質を劇的に改善する——より正確に言えば、大学ランキングにおける順位を改善する——という彼女の包括的な改革案こそが、彼女なら自分たちの願いを叶えてくれるに違いない、とイェール株式会社の役員を納得させたのだった。

彼女は、イェール大学における教員の採用、昇進、終身在職権の付与に関する従来からの慣行を激しく非難した。それは主観的で、中世風で、体系的ではなく、気まぐれで、恣意的だと彼女は言った。そうした慣習は、今や八〇歳近くまでになっている大御所の教授陣――多くの場合、白人の男性――によって用心深く守られており、大学競争におけるイェール大学の地盤沈下の元凶になっていると彼女は主張した。そうした慣習は、大御所の嗜好と偏見の背後にどのような成功と昇進の基準があるのかを知る術もなく、流れに身をゆだねた不安定な若手教員を様々な部局で生み出した。他方で、組織の長期的な利益を顧みない自己中心的で非生産的な老人による寡頭支配を生み出した。

私たちの情報源によれば、彼女の計画は、痛快なほど単純だった。彼女は、教員の質的評価に科学的技術を用いることを提案した。それは学界のどの分野でも用いられているものだが、それを初めて本当に包括的で透明性ある方法で実行しようというのである。この計画は、人文学引用索引、社会科学引用索引、そしてそれらのなかで最も古い科学引用索引といった、引用索引(サイテーションインデックス)に依拠している。確かに、ある研究者の業績がその領域の同業者によってどれだけ引用されているかは、今までも昇進審査の際にたびたび参考にされてきた。だがライスは総長として、この客観的評価の様式を体系的かつ包括的にすることを提案した。機械による投票の集計と同じように、引用索引は誰かを依怙《えこ》贔屓《ひいき》することは一切ない、と彼女は強調した。彼女によれば、それは意識的あるいは無意識的な偏見から自由だし、学術的な卓越性を評価するための唯一の恣意を挟まない測定基準を表している。それゆえ引用索引は、昇進と終身在職権の付与にあたって唯一の基準になるだろう。そして、もし彼女が終身在職制度そのものを廃止することに成功するならば、それは、怠惰と凡庸さによって年間引用ノルマ(ACN：Annual Citation Norms)の達成を邪魔している終身在職権をもつ教員を自動的に解雇する根拠としても役立つというのである。

ライス総長は、新自由主義の強調する透明性、完全公開、客観性に沿いつつ、ロバート・オーウェンのニュー・ラナーク工場計画を、先端技術で近代化し、高等教育機関に応用したものを提案する。彼女の提案によれば、すべての教員が、デジタル化されたつばなし帽†を配られるだろう。このつばなし帽はイェール大学のシンボル・カラーである青と白でデザインされている。このつばなし帽が、児童労働を使わず、人道的で、かつ労働搾取的ではない条件下で製造できるようになるや否や、すべての教員はキャンパスのなかで着用するよう義務づけられる。つばなし帽の前側、額のあたりには、タクシー・メーターのようなデジタル画面がついていて、その研究者の現時点における引用総数が表示される。完全に自動化された引用記録センターが新たな引用を追加登録すると、それらは衛星によって配信され、つばなし帽のデジタル呼び出し機に自動的に表示される。かつてタイムズ・スクウェアの電光掲示板に表示され、絶えず更新されていた世界人口数のミニチュア版を思い起こしてみよう。それを、デジタル引用総数公的記録(PRODUCT：Public Record of Digitally Underwritten Citation Totals)と呼ぼう。ライス総長は、学生が彼らのまさに目前で、引用総数がひっきりなしに増えていくつばなし帽をかぶった優秀で名高い教授の講義を熱中して聞いている時に経験するであろう興奮について思い浮かべた。その一方で、近くの教室では、学生は、引用総数が皆無のつばなし帽をかぶって当惑している教授を目の前で見つめながら、不安な気持ちになっているだろう。大学院への入学などをめぐる学生間の競争において、学生が受講した全教授の引用数の総和が比較参照される時、彼らの成績証明書はどのようなものになっているだろうか。学生たちは最も優秀な教授のもとで勉強してきたのだろうか。

もはや学生は、友人から伝え聞く不確かな証言や講義に対する批判者の偏見に依拠する必要がない。数字で表された教員の「品質グレード」が、すべての者にとって入手可能になり判断の基準となるだろう。若手教員は、もはや年配教授の気まぐれを恐れる必要はない。野球の打率のように、業績についての唯一で議論の余地のない基準が、質の測定と、野心のための明瞭な目標を提供するだろう。ライス総長にとって、このシステムは、時流に取り残された学問の専門領域に引きこもって衰退し、年長者による閉鎖的な利権政治の孤塁となった学部をいかに改革するのか、という慢性的な問題を解決するものだ。それゆえ、業績評価に関するこの公的に説明可能で、透明で、恣意を挟まない測定基準が、昇進と人事の委員会によって使用されるべきだというのである。

† つばなし帽は、もともと工場労働者が髪をまとめあげ、頭を保護するためのものとして実用的に使われた。一九五〇年代以降、大学における儀礼的な新入生いじめの小道具や、フラタニティ(学生同士の友愛会)や大学のシンボルとしても使われるようになった。

この明瞭さを考えてみよ！（この新たな基準によって選出された）名高い学識経験者から成る諮問委員会は、たとえば雇用契約の更新、任期付き教員への昇進や終身在職権の獲得、終身在職権獲得後の業績などの審査について、それぞれ引用索引件数の達成基準をきっと設定するだろう。そして、このつばなし帽技術がいったん完成すれば、このプロセスは完全に自動化されるだろう。数多くの論文を引用される先導的な政治学教授のハーヴェイ・ライトアロット《たくさん書く奴》が、キャンパス内のぎゅうぎゅう詰めの講堂で講義している様子を想像してみよう。その時突然、アリゾナ州の目立たない研究者が、ライトアロット教授の最新論文を『最新難解研究ジャーナル』で引用し、まさにその引用によって彼の引用総数がちょうど達成基準を超えた。つばなし帽は直ちにこの良いニュースを青と白の文字で伝え、イェール大学の応援歌「ブーラ・ブーラ」を奏でる。学生たちは、何が起きたのかを察知して、教授のさらなる昇進に立ち上がって拍手喝采をおくる。教授はその熱狂に喜び当惑しながら、遠慮がちにお辞儀をして、講義を続ける。今や新たに獲得した終身在職権とともに。ウッド・ブリッジ・ホールにあるライス総長のオフィス・デスクに設けられた制御装置が「ハーヴェイが自力で終身在職権の基準に達し、特権サークルに加わった」とメッセージを伝えると、彼女はつばなし帽を通じて彼に文字と声で祝福のメッセージを送る。新品の栄えある「終身在職つばなし帽」と証明書もすぐに送られるであろう。

イェール株式会社の役員らは、この自動化されたシステムが、どれだけの時間と論争を省きうるのか、またどれだけ短期間でイェール大学を教員評価のランキング競争に復帰させうるのかをすぐに理解して、この技術の精緻化と完全化に取りかかる。誰かが、論文引用の価値を時間が経つにつれて削減していくシステムを提案するだろう。毎年ごとの引用の価値は、年を追うごとに八分の一ずつ減っていく、といったシステムである。その学問領域の発展速度に合わせて、八年前の引用は勘定の対象とはならなくなるだろう。役員の一人が、一貫性を保つために、以前に終身在職権を得た教員に対しても、その権利保有の最低基準を設けようとためらいがちに提案するだろう。授業中に引用総数が解雇レベルまで低下した非常に熱心な教授の姿は、考えるだに悲しい光景だと彼女は認識している。また別の者が、このような場合、学生がつばなし帽から目を背けることで教授が自らの命運を察してしまうかもしれないけれども、そのデジタル画面には何も映らなくなるようプログラムしておこうと提案する。

このように、私が学界における生産性の量的測定をからかってきたのは、悪い冗談として楽しんでもらうだけではなく、より大きな目的のためである。私が強調したかったのは、民主主義、とりわけエリートの選抜と公的資金の配分に対する業績主義的な基準を採用してきたアメリカのような大衆民主主義は、人間の恣意が入らず客観的で機械的な質の測定に誘惑されやすい、ということである。社会科学引用指数、大学進学適性試験(学業成績達成テスト、より最近になっては思考力試験と改名された)、費用便益分析などは、その見かけの違いにもかかわらず、いずれもが同じ論理に従っている。なぜだろうか? 簡単に答えると、個人と家族にとっては教育と雇用を通じた人生の機会の割り当て、そして共同体と地域にとっては公共事業に対する公的資金の配分ほどの重大な社会的決定はほとんどないからだ。引用指数、テスト、費用便益分析といった測定方法の誘惑力は、質の測定をすべて量の測定へと変えることにある。そうすることによって、人間の恣意が入らない、きわめて明確で単一の測定基準による複数事例の比較が可能になる。それらは何よりも、正当な政治的な問題を、専門家によって統治される中立的で客観的な行政的執行へと変えるように設計された、巨大で人を欺く「反政治マシーン」なのである。この非政治化の巧妙なごまかしは、アナキストと民主主義者が共に大切にしている政治における相互性と学習可能性への信頼が、深刻に損なわれていることを隠蔽する。しかし「政治」について議論する前にも、質的に異なるものを量的に比較するこうした技術には潜在的に致命的となりうる二つの欠陥がある。

断章24　当てにならず、必然的に劣化する

こうした測定方法に対する最初の最も明白な問題は、それらがたいてい役に立たないことだ。すなわち、それらは私たちが重要だと信じている質を、まったくもって正確に測ることができない。

一九六三年に設立されすべての引用指数の先駆けとなった科学引用索引(ＳＣＩ：Science Citation Index)は、ユージン・ガーフィールドの発明品である。その目的は、たとえば特定の研究論文や、

さらに言えば特定の研究者や研究所の影響力を、出版された論文が他の研究者によって引用される頻度によって計測し測定することである。これが、なぜダメなのだろうか。科学引用索引は、内輪の評判、助成金の獲得額、確立された研究機関に曖昧に埋め込まれた階層秩序、そして言うまでもなく研究者の生産性そのものに基づいて評価するよりもずっとマシだ。半分以上の科学的出版物は、結局、読まれることもなく消えていくように思われる。それらは、ただの一度もまったく引用されないのだ！　残りの八割がたった一度だけ引用される。科学引用索引は、ある研究者のその後の研究活動に対する、中立で、正確で、透明で、公平無私で、客観的な測定を提供するように思われる。能力主義を促進するための一撃だ！　それゆえ科学引用索引は、少なくとも当初は、それが取って代わろうとした特権と在職権の構造と対比された。

科学引用索引は、重点的に売り出しをかけられたので、著しい成功をおさめた。これが、営利目的の商売であることを忘れないようにしておこう。科学引用索引は、すぐに至る所へと普及し、終身在職権の授与、学術雑誌の宣伝、研究者と研究機関のランクづけ、そして技術分析や政府の研究において利用されている。社会科学引用索引がすぐにこれに続いた。人文学引用索引が遅れをとることなどできただろうか。

そもそも科学引用索引は、いったい何を正確に測定したのだろうか。まず気がつくのは、データ収集における、コンピューターのような文脈の無視と抽象化である。自らの引用も数えられ、自慰のような自己愛が学界に蔓延する通常のナルシズムに加えられる。「論文Xはこれまで私が出くわしたなかで最悪の研究だ」といった否定的な引用も、数えられる。論文Xに一点だ！　女優のメイ・ウエストが言ったように、「書かれて悪いことなんてないのよ。とにかく私の名前を正しく綴ってちょうだい！」。論文とは対照的に、書籍のなかでの引用は数えられない。より深刻なことに、しかしよくあることだが、もしある研究を引用した論文を、誰もが未だかつて一切読んでいなかったらどうなるのだろうか。しかも、偏狭な地域主義の実践がある。それは結局のところ、圧倒的な英語、それゆえアングロ・アメリカ人による運用である。ガーフィールドは、フランス科学が自らの地域言語を偏重しているのは、英語を唯一の科学言語として採用することに失敗したためだろうと主張した。社会科学にこうした英語中心主義を強要するのは、まったくもって本末転倒だ。しかし事実、中国、ブラジル、インドネシアで何十万もの知識人に自分の本を翻訳して売っても、社会科学引用索引の評価対象とは一切ならない。数えられるためには、彼らが英語の学術雑誌や、この魔法円に含まれた一握りの外国語学術雑誌で、その本を引用してくれないといけないのだ。

統計的な問題として、この指標は、最も盛んに取引されている専門分野、すなわち主流の研究、もしくはトーマス・クーンの言葉のいう「通常科学」に有利に働かざるをえないことにも留意しよう。そして最後に、社会科学引用索引によって「客観化された主観性」が、現在という時間をきわめて偏重することに留意しよう。今流行りの研究が、三年後に不毛な試みだったとして後退したらどうするのだろうか。今日の流行の波とそれが作る引用総数の急上昇に波乗りできた運のいい研究者は、不毛な研究に勤しんでしまったという自らの失敗にもかかわらず、まだ何とか生き延びることができたかもしれない。社会科学引用索引のこうした欠点について、これ以上長々と非難する必要はない。こうした欠点は、この手の測定と、それが計測していると主張する質との間にある避けがたいギャップを示すのに役立つだけである。残念なことに、こうした欠点の多くは、その指標が拠って立つ手続きの改善や精緻化によって修正されてしまうかもしれない。ただ実際問題として、まるで図表のように抽象的で計算的に単純な測定法ほど、その使いやすさのために好まれるしコストも低い。しかし、一見すると客観的な引用の測定方法は、長年にわたって培われた数多くの「会計の慣習」に基づいている。そうした慣習は、測定のなかへとこっそりもち込まれ、きわめて政治的かつ重大な結果を引き起こす。

社会科学引用索引がもたらした損失に対する私のからかいは、不当に思えるかもしれない。しかし、私の主張する議論は、厳格に適用されるいかなる量的基準にも当てはまる。イェール大学のいくつかの学部で終身在職権の決定に用いられている、「二冊の本」という一見もっともらしい基準を取り上げてみよう。しかし一冊の本や一本の論文によって、量的にずっと「生産的な」研究者の論文を集めた論集よりも、多くの知的なエネルギーを生み出してきた研究者はたくさんいる。「巻き尺」という同単位での測定を可能にする道具は、フェルメールの室内画と牛の糞のどちらもが直径二〇インチであることを私たちに伝えるかもしれない。だが、類似性はそれだけだ。

もうひとつの致命的な欠陥は、測定方法が初めに考案された時にはたとえ妥当なものだったとしても、たいてい測定方法の存在そのものが、その根拠と信頼性を損なう一連の出来事を引き起こしてしまうことである。このことを、「測定方法が行動を植民地化する」過程と呼ぼう。それは、測定方法がかつてもっていたいかなる根拠も信頼性も無効化してしまう。たとえば、定期的に論文を相互引用し合うことで引用総数を上げようと企む研究者の「仲間集団」があると聞いたことがある！ この種の露骨な陰謀は、より重大なひとつの現象のまさに最もひどい例だ。索引総数がキャリアを作ったり壊したりするのを単に知っているということが、研究者の行動に対して明らかに影響を与える。その動機づけは、たとえば主流の方法論と人気ある学問領域の吸引力、投稿する学術雑誌の選択、その学問領域で最も著名な研究者の名を呪文のように引用し続けること、といった行為を魔法のように生み出し、助長する。これは、必ずしも粗野なマキャベリ的行為ではない。むしろ、周縁部に対して「慎重深く打算的に」行動するよう不断に圧力がかかっているからだと指摘したい。その結果、長期的には、割り当てられた達成基準の査定を満たしたり超えたりする者の生存を優先するダーウィン的な選択圧力が生じる。

引用件数一覧は単なる測定の結果ではない。それはこの世界の強制力であり、測定しようとするものを自ら生み出すことができる。社会理論家は、測定方法が観察対象を変えてしまうという、この植民地化にひどく衝撃を受けてきた。そのため、「特定の変数を達成すべき目標として設定すると、それはすぐに役に立たなくなってしまう」(2)とするグッドハートの法則において、その法則性を定式化しようとしてきた。そしてマシュー・ライトは、次のように明確に述べた。「当局は特定の実績を測定すべく、何らかの量的基準を設定する。すると、この基準を責任もって満たそうとする者たちは、予期されたのとは異なる方法でもってそれを成し遂げる」。

ひとつの歴史的な例が、私の意図することを明らかにするだろう。フランス絶対王政の役人は、家の大きさに基づいて臣民に課税しようとした。彼らは、住居の窓と戸の数を数えるという素晴らしい案に飛びついた。最初のうち、窓と戸の数は、家の大きさとほとんど完全に比例した。しかし二〇〇年が経つと、「戸窓税」と呼ばれたこの課税方法は、家を改築したり建て直して窓の数を減らすよう、人びとを駆り立てた。何世代ものフランス人が、通気の悪い「課税避難所」で息を詰まらせている様子を想像できよう。妥当な測定方法として始まったものは、その根拠を失い妥当ではなくなってしまった。

しかし、この種の政策は、窓や革命以前のフランスだけに限られない。実際、査定と品質管理の似たような方法が、世界中のほとんどで教育制度を支配するようになってきた。アメリカでは、大学進学適性試験が、一見すると客観的な方法で高等教育の機会を配分するのに役立つ定量化技術の代表例になった。多くの国々において、大学教育への扉と、それに伴う人生の機会を支配する「テスト地獄」の例をいくつでもあげることができよう。

教育に関して大学進学適性試験は、尾が犬を振り回してしまうといった単なる主客の転倒を意味するだけではない。この諺の比喩を続けるならば、尾が、犬の繁殖、食欲、環境、そして犬の世話をして餌を与える者たちの生活すべてを変えてしまったのだ。これは、植民地化の顕著な例である。量的な観察を厳密に続けることで、社会的なハイゼンベルクの不確定性原理のようなものがまたしても生じる。つまり、点数を競い合う争いが、観察の対象となっている場そのものをまったく変えてしまうのだ。「量的な技術が最もうまく機能するのは、描写しようとする世界を自らの想定するイメージに従って作り変えてしまう時だ」と、ポーターは注意を喚起する。(3) しゃれた言い方をすれば、大学進学適性試験は、その単調でつまらないイメージに従って教育を大きく作り変えてしまったので、テストが観測するのは、たいていそれ自体が魔法のように生み出してきたものの影響なのだ。

それゆえ、知的な資質を標準化されたテストで測定し、そしてまた、学生、教師、学校に報酬を配分するためにそうしたテストを利用しようとする欲望は、結果的に教育の植民地化を助長する。まさに一〇〇万ドルもの市場をもつ教育産業が、テストの成績を向上させると称する詰め込み用の講義と技術を売り込んでいる。テストそのものは、そのような戦略から影響を受けないと称しているにもかかわらずだ。〔大手教育会社を興した〕スタンレー・カプランによるテスト準備と学習書の帝国は、大学、法科大学院、医学校などへの入試テストに合格するための秘訣を学ぶことができるとの前提に基づいて建てられた。すべての強力な査定基準は大きく円を描いてもとに戻り、いわば教育の生活世界を植民地化する。測定方法が、それによって評価しようとしていた質に取って代わってしまうのだ。これに続いて、テスト作成者がテスト準備業者を出し抜こうとする軍拡競争のようなものが生じる。そして、この測定は、もともと望まれていた内実や質を台無しにして終了する。それゆえ、アイビー・リーグ校への入試に成功した出願者の「プロファイル」がいったん知られるようになると、制度の抜け道が悪用され始める。教育コンサルタントが裕福な家庭に雇われ、どのような課外活動が望ましく、どのようなボランティア活動が有利になるかなど、アイビー・リーグ・プロファイルを参照しつつ子供にアドバイスを与える。保護者が子供を「売り出そう」とするので、質を評価する誠実な実践として始まったものは戦略になってしまう。こうした行為は、測定方法を破綻させて、測ろうとするものの質も歪めてしまうので、その意味や正当性を評価することは、ほとんどできない。

主観を介さず業績を量的かつ客観的に測定しようとする欲望は、もちろん、「神童」ロバート・マクナマラによって、フォード社から米国国防省へと導入された管理技術に欠かせぬものであり、ベトナム戦争へと応用されていった。戦線がはっきりしていない戦争において、どうやって戦争の進展を測定できたのだろうか。マクナマラは、ウェストモーランド将軍に対して、「我々がベトナムで勝っているのか負けているのかを示す図表を見せてくれないか」と求めた。その結果、少なくとも二つの図表が示された。ひとつは、最も悪名高いものだが、戦闘で確認された敵兵の「死者数」を総計した兵力消耗指数である。担当者は、進展を示せ、というとてつもない圧力を受けており、またその数字が自身の昇進、勲章、そして保養休暇の決定に影響を与えると知っていたので、死亡した敵兵の総数が確実に膨らむように計算をした。死亡者が民間人だったのか軍人だったのかをめぐる不明瞭さは完全に無視され、実際すべての死体は敵兵のものとされた。そのため、敵兵の死者数は、いわゆるベトコンと北ベトナム軍を合わせた総兵力数として知られていたものをすぐに超えた。しかし戦場では、敵を打ち破ることなどまったくできていなかった。

もうひとつの指標は、「地元民の人心掌握」キャンペーンの効果を何とか測定しようとするものだった。村落評価システムがその核心だ。南ベトナムにおける一万二〇〇〇の村落のひとつひとつが、念入りに作られた計画に従って、「制圧済」、「紛争中」、「敵対的」に分類された。進展を示せ、という圧力はまたしても容赦なかった。計算の担当者は、数字をごまかし、書類上だけの武装自警団——女帝エカチェリーナ二世の大臣だったグリゴリー・ポチョムキン将軍を喜ばせたであろう——をでっちあげ、反乱の数を統計的に無視することによって、進展を示す図表を何とか捏造できた。その際に、あからさまな不正が行われることも決して少なくなかった。だが、より頻繁に行われたのは、自分が良い評価を得て昇進できるようにと、村落を分類するうえでの曖昧さを「制圧済」を増やす方向で解決するというありがちな判断だった。農村部は、次第に制圧されてきたかのように思われた。

マクナマラは、悪魔のような査定システムを作った。この査定システムは、見取り図的に認識可能な戦争の進展に関するただの幻影——国家元首のための「御前上演」——を生み出しただけではない。それは、このような状況下において、いったい何が戦争の進展を表しうるのかに関するより幅広い対話を妨げた。彼らは、「重要なもののすべてが数えられるわけではなく、数えられるもののすべてが重要なわけでない」という、本物の科学者であるアインシュタインの言葉を心に留めておくべきだった。

そして最後に、この査定システムが生み出したより近年の事例として、多くのアメリカ人投資家が不幸にも身をもって経験したエンロン社の倒産がある。一九六〇年代に、経営学大学院は、企業の所有者たる株主の利益が、企業役員の狭い私利追求行為によって損なわれぬよう、いかに役員を「規律化」するかという問題に熱心に取り組んだ。そこで、企業役員の報酬を株主価値、すなわち株価によって測定された企業業績と結びつけるという解決策が考案された。役員は自社株を与えられ、たいてい四半期ごとの株価に基づいて配当金を得ることになった。そのため彼らは、四半期ごとの株価目標を満たして配当金を得られるよう、会計士や会計監査員と協力して決算を粉飾する術をすぐに編み出した。彼らは、企業の株価を高めるために、利潤を膨らませ損失を隠蔽することで、騙された投資家が株価を競り上げるようにした。そのため、給与の仕組みを、労働と専門技能への報酬から自社株購入権へと切り替えて、役員の業績を完全に透明化しようとする試みは裏目に出た。これに似た「制度の抜け道を悪用する」論理は、住宅ローンを複雑な金融商品へとまとめ上げたことが、二〇〇八年に世界金融危機を引き起こした事例にも見て取れる。債券格付け会社は、債券発行者から収入を得るだけでなく、透明性を担保すべく、その格付け方法を投資会社に公開していた。債券発行者は、その格付けの手続きを理解したり、より効果的に

は格付け担当者を引き抜いて債券を分析して模倣した。そして、非常に危険な金融商品を、トリプルAという最高の格付けが与えられるようにして売り出した。またしても査定は成功したが、患者は死亡した。

断章25　民主主義、業績、政治の終焉

質を量的に測定したいと思わせる強烈な魅力は、二つの起源に由来している。ひとつは、相続された特権や富や権限に対抗して、機会の平等を実現しようとする民主的な信念である。もうひとつは、業績を科学的に測定できるという近代主義者の確信である。

近代主義者は、科学的な法則と量的な測定を様々な社会問題に適用して、ひとたび「事実」が理解されるようになれば、不毛な論争の余地もなくなると信じた。世界を見るこのレンズには、それ自体のなかに深く埋め込まれた政治的な意図や目的がある。彼らの説明によれば、たいてい数値で表された解釈の必要が一切ない事実が存在している。そのような事実に従いさえすれば、公共的生活における語り、感情、偏見、癖、誇張、興奮などによる気まぐれで破壊的な影響をおしなべて減らせるだろう。冷静で、臨床的で、量的な評価と判断が、論争を解決するだろう。中立で技術的な判断が、情念と利益に取って代わるだろうというのだ。こう信じた科学的な近代主義者は、ロレイン・ダストンがどこからでもない視点として「透視画法の客観性」と呼んだもの

を実現すべく、主観性と党派的政治の歪みを最小化したいと熱望した。[4] この見解に最も合致する政治秩序は、技術的な教育を受けたエリートがその科学知を用いて人間に関するあらゆる事柄を統制する、公平無私で主観の混じらない統治だった。この熱望は、新たな「文明化プロジェクト」と見なされた。改革主義者たちは、客観的な科学知によって政治をもっぱら「行政的なるもの」へと差し替えることができると信じた。その点で、二〇世紀初頭アメリカの知的な進歩主義者も、奇妙なことだがレーニンもまた同様だった。効率性、技術訓練、工学的解決の福音は、訓練を受けた合理的かつ専門的な管理エリートが統治する世界を意味した。

業績主義の思想は、民主主義と科学的近代主義の自然な同伴者である。[5] 支配階級が、もはや高貴な出自、相続された財産や身分といった偶然によって決まることはなくなる。支配者は、その技能、知性、立証された知識によって選別され、それゆえ正当化される(ここで立ち止まってみると、深い慈悲、見識、勇気、経験の幅といった、人びとが権力の座にある者に求めるかもしれないその他の資質が、いかにこの説明から抜け落ちてしまっているのかがよく分かる)。教育を受けた公衆のほとんどは、知性とはその時々の基準に基づいて測定可能な質だと考えるようになった。しかも、多くの人びとは、知性が無作為ではないにしても、今や少なくとも富や称号などよりも、はるかに幅広く配分されるようになったと考えた。測定可能な業績に基づいて地位や人生の機会を配分するというまったく新しい考えは、まさに民主主義の新鮮な息吹だった。この考えは、一〇〇年以上前のフランスで新しく登場した専門職の中間層に対して、ナポレオンが業績に基づいて「才能のある者にキャリアの道を開く」と誓ったものを、社会全体に約束した。

測定可能な業績主義という考えは、またもうひとつの意味で民主的だった。この考えは、かつて専門家階級が享受していた自由裁量権を大幅に切り詰めた。歴史的に、専門家は自ら基準を設定し、専門的な秘密を油断なく守り、自らの判断を無効にしかねない外部からの監査を許さない同業者組合として活動した。弁護士、医師、公認会計士、技術者、教授らは、彼らの専門的な判断に基づいて雇用された。しかも、専門的な判断は、しばしば言葉で説明されず、不透明だった。

断章26 政治を弁護する

革命的労働者の運動がおかした過ちは、いかなる政党の無謬性よりも、はるかにずっと実りあり価値がある(ローザ・ルクセンブルク)

質を評価するために、量的に計測された業績と「客観的な」数的査定にもっぱら依拠することの真の被害は、活発な民主的討議の対象となるべききわめて重大な問題を議論の場から取り除き、中立的な専門家を称する者たちの手に委ねることから生じる。何百万もの市民の人生の機会やコミュニティに影響を与える重大な決定を偽って非政治化するのは、公共圏に正当に属するものを奪い取ることに他ならない。もしアナキストの思想家と扇動的でないポピュリストが共有するひとつの確信があるならば、それは、公共圏への参加と関与を通じて学び成長する民主的な市民の能力への信頼である。職場や工場の決められた作業工程がそれぞれどのような人物を生み出すのかを検討したように、いかに政治過程が市民の知識と能力を広げうるのか考えてみよう。この点に関して、階層秩序なき相互性と、一般市民の参加を通じた学習能力とに対するアナキストの信念は、民主的討議の省略を嘆くだろう。私たちは、社会科学引用索引、大学進学適性試験、今日おなじみの費用便益分析などにおいて、反政治マシーンが作用しているのを理解できる。

社会科学引用索引の反政治性は、似非《エセ》科学的な計算が、質に関する健全な討議に取って代わっていくことにある。学問をめぐる本当の政治とは、まさに価値と知識の基準に関する対話であり、どのようなものでも大切だ。私は、そうした対話に特徴的な質について、何ら幻想を抱いていない。そこには、利益や権力関係が反映されているだろうか。もちろん間違いなく反映しているだろう。利益や権力関係はどこにでも存在している。しかし、必然的に質的で、決して最終的な結論のでない議論に取って代わるものなど存在しない。そうした議論は、学問の性格にとって生きた血である。批評、教室、円卓会議、討論で、カリキュラムや雇用と昇進をめぐる決定において、議論が徹底的に争われるのだ。うわべだけ自律的な下位学問領域への断片化、厳格な量的基準、念入りに改良された得点票などは、議論を奪おうとする。だが、そうした試みはいずれも、正しいとされている意見や、既得権益の配置を固定化させる方向に向かうだけである。

大学進学適性試験のシステムは、過去五〇年以上にわたって、数百万人もの生徒の可能性ある未来を開いたり、閉ざしたりしてきた。このシステムは、エリートの形成に寄与してきた。エリートはこのシステムのおかげで集団の先頭へと出世できたので、彼らがこれを望ましく思うのは当然だ。また、このシステムは十分に公開的で透明性をもち公平なので、エリートも非エリートもこれを出世のための公正な国民的競争だと評価できる。しかも、このシステムの勝者は、富や出自に基づいたかつてのエリートよりも、自らへの報酬を正当なものと見なすことができる。しかし、大学進学適性試験の点数と社会経済的地位には正の相関関係があるように、公平に見れば、このシステムは決して解放された門戸などではない。大学進学適性試験がかつてよりも公平かつ正当にエリートを選別したからこそ、彼らは自らの卓越性をあたかも当然のことのように自明視させてくれるこの制度を、より容易に弁護して強化できるのだ。

その一方で、私たちの政治的生活は貧困化させられている。大学進学適性試験が大きな力を握っているので、多くの白人中間層は、積極的な差別是正措置が、客観的な業績評価と特定集団への特別配慮との間の困難な選択だと信じている。私たちは、民主的で多元的な社会で、教育の機会がいかに配分されるべきかについて、公共的に対話する契機を奪われている。私たちは、たとえば学校では大学進学適性試験ばかりを偏重する視野狭窄なカリキュラムのもとに押し込まれて、いかなる資質をエリートに求めるのかについて討論する機会を奪われてしまっている。

公共政策の様々な分野におけるひとつの例に着目すると、論争の余地のある想定が、査定と量的指標によってほとんど支配された構造のなかへと引きずり込まれていく過程がよく分かる。この点、費用便益分析はまさに適切な例である。費用便益分析は、フランスの国立土木学校の技術者によって開発され、今では開発機関、計画機関、米軍工兵隊、世界銀行などによって、ほとんどすべての計画と活動のために活用されている。費用便益分析は、道路、橋、ダム、港湾といった、対象となるプロジェクトの利益率を計算するために考案された一連の査定技術である。この技術は、すべての費用と利益を同じ測定基準のもとへと包み込めるよう、金額で示すことを要請する。そのため、たとえば魚、美しい景観、生業、新鮮な空気などの損失は、この計算に含められるよう、ドル建ての金額で示されなければならない。これには、かなり大胆な想定がいくつか必要だ。美しい景観の損失を金額で表すために、住民がその景観を保全するためにいくらの税金を進んで支払おうとするのかを調べる「潜在価格化」が用いられる。そして、その総額がその景観の価値になるのだ！　もし漁師がダムの建設によって絶滅した魚を売っていたならば、その失われた売り上げが、その魚の価値を表すことになる。逆に、売買されていなかった魚には、この分析の観点からすれば、まったく価値がないことになる。ミサゴ〔魚を食べる鳥〕、カワウソ、カワアイサ〔鴨の一種〕は、彼らのエサと生活基盤の損失を嘆くだろうが、人間にとっての損失のみが価値として計算される。金額で表せない損失は、分析できない。たとえば、あるインドの部族が、近々ダムによって水没する予定の先祖の墓地には「お金では測れない価値」があると宣言して、補償金の受け取りを拒否するならば、その墓地の価値は費用便益分析の論理に抗って、その方程式から抜け落ちることになる。

夕焼けの景色、鮭や鱒、新鮮な空気、生業、娯楽、水の質といったあらゆるものの費用便益は、利益率の計算に入力できるよう、測定単位を揃えて金額で表されなければならない。おそらく、費用便益分析の背後にある最も大胆な想定は、未来の価値である。たとえば徐々に改善する水質や、次第に増えていく将来の仕事の収入といった、未来の利益はいかに計算できるだろうか、という問題が浮上する。一般に、未来の利益は、現在もしくは平均の利率に基づき、前もって計算して割り引けるというのが法則である。こうして計算されれば、五年より先の利益は事実上いかなるものも、きわめて多額でないかぎり、実際に無視してよいことになる。だが、未来の価値を単なる会計の慣習として費用便益の方程式にこっそりもち込むことは、未来の価値に関する決定的に重要な政治的決定だ。こうした費用便益分析がいつも行う操作はさておき、費用便益分析は、いかに厳格に適用されようとも、公共的な意思決定の根源的な非政治化というきわめて深刻な損害をもたらす。

ポーターは、アメリカでは「エリート官僚に対する信頼の欠如」ゆえに、この手の査定システムが採用され、「公的決定の実施を統制するために、他のいかなる産業化した民主国家よりもずっと厳格に諸規則に従っている」と説明する。[6] このように、この手の査定システムは、すべての恣意主観を抑制して完全な客観性を達成するという目的をもち、専門技術家による統治の神聖化と、それが打ち勝つことのできない宿敵の双方を表している。

それぞれの技術は、官僚エリートによるいかにも疑わしく非民主的な実践を、機械的で透明かつ明瞭な、たいていは数的な評価の手続きへと置き換えようとする試みである。この試みには、いたるところで多くの逆説がある。というのは、こうした技術の採用は、ある政治的圧力への応答でもあるからだ。つまり、口うるさい公衆が、明瞭かつ透明で、原則的に参加可能な手続きと入手可能な実際の取り分を強く希望したのである。公共的な政治圧力への応答として、費用便益分析が採用されたというのは、ひとつの逆説だ。ただし、費用便益分析が本当にうまくいくかどうかは、客観的で非党派的で明白に科学的なもの、完全な非政治性を称するものに全面的にかかっている。もちろん、非政治性の見かけの裏で、費用便益分析はきわめて政治的だ。その政治性は、計算技術のなかに深く隠蔽されている。まずもって何を測るのか、それをいかに測るのか、どの尺度を使うのか、「未来の遺失利益の算出」や「測定単位の共通化」といった計算の慣習、いかに観察結果を数的な価値へと翻訳するのか、そうした数的価値をいかに意思決定に利用するのか、といった計算技術のなかに政治性は隠されている。こうした技術は、偏りや依怙贔屓といった批判を払いのける一方で、政治的アジェンダを不明瞭かつ手の届かない手続きと計算慣習のなかへと囲い込むことに見事に成功した。これが二つ目の逆説である。

大学進学適性試験の技術、費用便益分析、ついでに言えば知能指数の測定方法が政治的に成功する時、それらの測定値は、血圧、温度計、コレステロール値、赤血球数の数値と同じほどに客観的で疑いの余地のない確たるものとして立ち現れる。その測定値は人間の恣意や気まぐれから完全に自由で、その解釈については「医者〔専門家〕の判断が絶対だ」。

こうした技術は、決定から人間の恣意を取り除くかのように思える。実際、こうした技術は、その深く埋め込まれた高度に政治的な想定とともに、ひとたびしっかり確立されると、役人の恣意を確かに制限する。役人は、偏っていると批判されたら、幾ばくかの真実とともに、自分は非政治的な意思決定機構の「ハンドルを単に回しているだけだ」と主張できる。こうした反政治マシーンはそれ自身を守る重要な保護カバーを身にまとっているので、その標準化、正確さ、公平さを問われることがあっても、その妥当性が関心の対象とされることはほとんどない。たとえ社会科学引用索引が研究者の業績の質を表さず、大学進学適性試験が実際には学生の知性を測ったり大学での成功を予見したりはしないとしても、それらは正確で公平な公共的基準という一連の透明な規則と目標を作り上げている。こうした手段はうまくいくと、不可欠の錬金術のような役割を果たす。つまり、資源、人生の機会、巨大プロジェクトの利益、地位などをめぐって激しく争われる賭け金の高い戦いを、異論の余地なく中立的な役人によって統括される技術的で非政治的な決定へと変えてしまうのだ。判断の基準は、標準化され明白で前もって知られている。思慮分別に基づく判断と政治は、技術によってかき消されてしまっている。しかも、そうした技術が実際には恣意的な決定と政治的想定に満ちあふれていることは、今や公的な眼差しからほとんど隠蔽されている。

数的指標の広範な利用は、特定の国や、公共政策を担う特定の部局、あるいはまさに今現在のみに限られているわけではない。「監査社会」の形をとった現在の流行は、巨大企業の台頭——

それらの株式保有者は生産性と結果を測定しようとした——と、サッチャーやレーガンが体現した一九七〇年代と一九八〇年代の新自由主義に、明らかに何かを負っている。彼らは行政の領域で「金額に見合う価値」を強調し、民間セクターにおける経営科学の技術を応用し、学校、病院、警察、消防所などを対象に、得点と「成績表」を確立させようとした。だがより深い起源は、またもや逆説的にも、民主化と、行政の決定に対する政治的な統制を求める声である。アメリカは、査定と数量化を積極的に擁護する点で並はずれているようだ。アメリカほど、教育、戦争、公共政策、企業役員の報酬などにおいて、監査を熱狂的に活用してきた国は他にない。武骨な個人主義者の国民という自己像とは対照的に、アメリカ人は世界で最も標準化され、監視されている人間である。

こうした行政技術の深刻な欠陥は、平等性と民主主義の名のもとに、正当な公共的討論の広大な領域を公共圏から追い出して技術的な行政委員会の手にゆだねる、巨大な「反政治マシーン」として機能することである。反政治マシーンは、社会政策、知性の意味、エリートの選別、平等性と多様性の価値、経済成長と開発の目的などに関する、建設的で有益な討論を妨げる。要するに、反政治マシーンとは、公衆を討論から排除する一方で、技術的な行政エリートが自分たちは依怙贔屓や曖昧で気まぐれな行動をしたりせず、単に透明な技術的計算をしているだけだと、懐疑的な公衆を説得するための手段なのである。今日、反政治マシーンは、新自由主義的な政治秩序の品質保証となっている。その秩序のもとでは、新古典派経済学の技術が、科学的計算と客観性の名のもとに、その他の理由による根拠づけを排除し追い払ってきた。(7) 誰かが、「私は彼女の株があがるのを期待してずいぶん投資しているんだ」と言ったり、社会「資本」や人的「資本」、あるいは、どうか勘弁して欲しいが、人間関係の「機会費用」などに言及するのを聞くたびに、あなたは私の言っていることを理解するだろう。

第六章　個別性と流動性

歴史は学のある者たちによって書かれる、ゆえに彼らが、自分たちの階級の活動がすべての人間の運動の基礎を提供していると考えるのは、自然だし合点がゆく(レオ・トルストイ『戦争と平和』)

断章27　小口の善意と同情

フランス(中南部)オート・ロワール県のル・シャンボン・シュル・リニョンの町が、ヴィシー政権下で五〇〇〇人以上の難民たち――多くがユダヤ人の子供たちだった――を受け入れ、食料を与え、安全な場所へと送り出したヒロイズムは、今ではナチズムに対する抵抗の年譜に輝かしく記されている。多くの本と映画が、この並外れた救援活動を可能にした静かで勇気ある行為の数々をほめたたえている。

ここでは私は、これらの行為について、反ユダヤ主義に対する宗教的レジスタンスという大きな物語を傷つけるかもしれないが、同時に、人間的な振る舞いの特殊性に関する私たちの理解を広げるような仕方で、その個別性を強調したい。

ル・シャンボンの村人の多くはユグノー〔フランス新教徒〕で、そこの二人の牧師は、そのコミュニティでおそらく最も影響力があり発言が尊敬されていた。彼らはユグノーとして、少なくともサン・バルテルミの大虐殺以降の宗教上の迫害と逃亡にまつわる集合的記憶を有していた。フランスがドイツに占領されるずっと前から彼らは、フランコのスペインやムッソリーニのイタリアからの難民に避難所を提供することによって、ファシズム体制の犠牲者への同情を明確に示していた。そのことは、信念と経験とによって彼らが、権威主義体制の国家からの難民の苦境に、とりわけ聖書の民としてのユダヤ人に同情する十分な心構えを有していたということを意味する。しかしながら、そうした同情心を実際の行動へと移すこと、しかもヴィシー政権下ではなおさら危険な支援という行為は、それほど簡単なことではなかった。

ユダヤ人たちの到着を予想したユグノーの牧師は、秘密の隠れ家と食料の提供を教区民たちに要請しなければならないと分かって、それらを確保しようとし始めた。南フランスにおける「自由地帯」〔ドイツ軍非占領地帯〕の撤廃にともない、二人の牧師は逮捕され強制収容所へと連れ去られた。こうした危険な状況のなかで、二人の牧師の妻は夫の仕事を引き継ぎ、村のなかにユダヤ人たちを受け入れる避難所と食料の手配に取りかかった。彼女らは近隣の農民や村民らに、しかるべき時が来たら、助けてくれるかどうかを尋ねた。その答えのほとんどは、前向きなものではなかった。典型的なのは、難民たちに同情を示すものの、彼らを受け入れて食事を提供するなどの危険をおかすことをためらうものだった。村人たちは、自分たちには家族を守る責任があり、もしユダヤ人を匿《かくま》ったりしたら当地のゲシュタポに通告されて、自分だけでなく家族の全員にも重大な危険を招くからと説明した。彼らにとっては、身近な家族に対する責任とユダヤ人被害者への抽象的な同情とを比べてみたら、家族の絆の大切さのほうが上回るということであり、牧師の妻は避難ネットワークを組織化することをあきらめた。

しかしながら、彼らが準備すると否とにかかわらず、ユダヤ人たちは到着し始め、助けを求めた。次に何が起こったかが重要であり、そしてこのことは、社会的(この場合は人道的)行為の個別性を理解するための特徴をよく示している。二人の牧師の妻は、実際に生身のユダヤ人たちが彼女らを頼ってそこにいるのを目にして、再び支援の活動に取り組み始めた。たとえば、やせ細って寒さに震えている老いたユダヤ人を、以前には関わりを避けたいと断った農民の家の玄関まで連れてゆき、「ここにいる私たちの友人に、食事と暖かなコートを提供してくれませんか、そして次の村までの道順を教えてあげてくれませんか?」とお願いした。生きて息をしている犠牲者が、懇願の眼差しで自分を見つめているのを前にして、その家の農民は彼を追い払ったりするだろうか。あるいは、牧師夫人は少人数の家族を連れて農家の玄関にゆき、「この家族に毛布と、お椀一杯のスープをさし上げて、スイス国境に向かう前の一日か二日、納屋で休ませていただけませんでしょうか?」とお願いした。生身の犠牲者に面と向かい合い、しかもその運命が彼らの手助けにかかっていることが分かりきっている時に、彼らを助けるのを断るような者はほとんどいなかった。たとえ、その危険が、以前とまったく変わっていなくてもだ。

ひとたび村人の個々人がそうした振る舞いをしたということは、すなわち一定の期間は難民を助けることに加担することを意味した。言い換えれば、彼ら自身が実質的に行った連帯の振る舞い――実際にとった一連の行動――から結論を引き出し、それを当然に果たすべき倫理的なことと捉えたのである。彼らは、ある主義を言い立てて、それに基づいて行動したわけではなかった。逆に、まず行動して、その行動の論理を後から引き出したのだった。抽象的な主義は実際の行動の子であって、その親では決してなかった。

フランソワ・ロシャは、この行動パターンをハンナ・アーレントの「悪の陳腐さ」と対比させて、「善の陳腐さ」と呼んでいる(1)。少なくとも、私たちは、それを「善の個別性」、あるいはトーラー〔ユダヤ教の律法〕を借用して、まさしく心が手〔の動き〕に従う例と呼ぶことができるであろう。

人を個別に認識し個々人として同情することは、ジャーナリズム、詩、そして慈悲深い行為が生まれる前提である。人は、大きな抽象概念、たとえば失業者、飢える者、迫害される者、ユダヤ人などにすぐに同情したり、心を開いたり、財布の紐をゆるめたりするわけではない。しかし、仕事を失い車のなかで寝泊まりしている女性や、木の根や芋を食べて森を抜けようとしている難民を、心を鷲掴みにするような詳細さで、できたら写真とともに描けば、見ず知らずの人たちからも共感を引き出すことができるだろう。犠牲者たちの全員が一人の犠牲者を表象するなどということは簡単にはできないが、一人の犠牲者はしばしば犠牲者というまとまった集団を代表することができる。

この原理は、私がかつて見て最も心動かされたホロコーストの犠牲者たちのために設けられた、壮麗なミュンスター市庁舎の展示のなかで強力に作用していた。そこは、三十年戦争を終わらせた一六四八年のウェストファリア条約が調印された場所であった。街路ごと、住所ごと、名前ごとに、すべてのユダヤ人家族（およそ六〇〇〇人）が説明されていた。だいたいは家族が住んでいた家の写真があり（ミュンスターは連合軍の爆撃を免れたので、それらのほとんどは今でも残っている）、街路の住所、時にはＩＤカードあるいは証明顔写真、家族個々人や集合での写真（ピクニックの時、誕生パーティの時、家族記念写真）、そして彼らの運命に関するメモなど――「ベルゲン・ベルゼンで殺害」、「フランス、のちキューバへ避難」、「モロッコを経由してイスラエルへ移住」、「ポーランドのロッズに避難、のちの運命は不詳」――であった。かなりの事例で写真はなく、それが入るべき点線で描いた長方形があるだけだった。

それは、何にもまして、ミュンスターの一般市民たちのための市全体の展示であった。市民たちは、以前と同じようなたたずまいの街路から街路へとぶらぶらと歩きながら、彼ら自身の、また彼らの両親や祖父母の隣人としてユダヤ人が実際に住んでいた家や、その顔写真――昔の楽しかった時代を写し出している――を、それらの写真が彼らを見つめ返していることを感じながら見て回った。文字どおりの意味で、それをかくも忘れがたいものにしていたのは、強力な個別性であり、また個人性であり、それが大量に繰り返されることであった。(2) それは、至る所に作られているユダヤ人の、同性愛者の(「この通りの角に同性愛者は集められ、強制収容所へと送られた」)、障害者の、ジプシー(ロマやシンティ)の、犠牲者たちをひとまとまりとして扱う記念碑よりもずっと心を動かされるものであった。(3)

しかし、おそらく、この展示で最も素晴らしいのは、それが生まれてきた経緯そのものであった。何百人ものミュンスター市民が一〇年以上にわたって、記録を徹底的に精査し、死亡を確認し、生存者を追跡調査し、たどれるかぎりの数千人に個人的な手紙を書き、準備を進めている展示について説明し、記録を完成させるために写真や手記などを寄贈してくれないかと依頼した。容易に理解できるだろうが、多くの者たちが依頼を断った……が、何かを送ってくれた者も少なくなかったし、かなり多くの者たちがミュンスターまで自ら足を運んできた。結果が自ずから証明しているが、家族の歴史を追跡し、生存者とその子供たちの所在を確定し、悲劇的な歴史と死が分かつ空隙を超えて隣人としての彼らに個人的な手紙を書く、という三つのプロセスが、罪を償うことにはならないにしても、共有する悲劇の歴史を認識することによるカタルシスをもたらした。展示を準備した者たちのほとんどは、ユダヤ人たちを襲った災厄の頃には生まれてもいなかった。が、その過程で幾千もの心の痛む会話や回想がミュンスターの世代を超えて誘発されてきたことは容易に想像できる。

断章28 個別性、流動性、そして偶発性を取り戻す

ほとんどの歴史学と社会科学の仕事とは、重要な社会運動や主要な歴史的出来事について要約し、体系的にまとめ、別言すれば「パッケージ」にして、それらを分類し、そして読み取って理解できるようにすることである。この目的があり、解明しようとしている出来事がすでに生じたものであるならば、歴史学者や社会科学者たちが、一般的な傍観者のことはさておき、その行動を考究しようとしている歴史の当事者らに経験された混乱状態や流動性や無秩序な偶発性にほとんど関心を寄せないことは、驚くに当たらない。

これらの説明が容易に人を欺くほど小ぎれいに整理されている明明白白の理由のひとつは、まさしくそれらの説明が「歴史」だからである。問題となっている諸々の出来事は、単純に一方向に生起したとされてしまい、渦中の者たちには事態がどう展開するかおそらく分かっておらず、また少しばかり違った状況のもとではまったく違ったふうに展開したかもしれない、という事実を隠蔽してしまっている。〔マザーグースで言うように〕「釘一本が足りないため蹄鉄が駄目になり、蹄鉄一つがないため馬が使えなくなり、馬一頭が使えず騎手が動けなくなり、騎手が動けずメッセージを運べず、メッセージが伝わらずに王国が滅びた」のである。

実際に起こったことを後から知ると、その渦中にいた者と違って、どうしても物語の内容を後

付けで変えてしまい、実際にありえた偶然性を取り除いてしまう。ある人が自死する直前の瞬間を考えてみよう。友だちや親戚たちが、その自死に前兆や説明を与えるような仕方で死者の伝記を書き直そうとするのは、当然のことだろう。しかし、もちろんのこと、ちょっとした化学的なアンバランスや、一瞬のパニック、束の間の悲観的な内省などがそうした行動へと導いたのかもしれないことは大いにありうる。そうした場合に、伝記の全体を自死へ至るものとして書き直すことは、その人の人生を誤解することになってしまうだろう。

私たちには、自身の行為や生活を説明するための首尾一貫した物語を創作しようとする自然な衝動があり、それがまったく偶発的であったかもしれない行為に対しても遡行的に秩序を押しつけようとする。たとえそれらの生活や行為が一貫したいかなる説明を拒んでいる時であってもだ。ジャン・ポール・サルトルが、家に残って病んだ母親の介護をすべきか、国を守るために家を出て前線にゆくべきかの選択に引き裂かれている男の例を仮定として紹介している。その事例は、ストライキに参加すべきか工場に留まるべきか、つまりデモに加わるかどうかの決断の事例などに置き換えることもできる。彼は決心をしかねている、が、その日はやって来る。ちょうど列車がやって来て、到着したら、たとえ心を決めかねていても、どちらにするかを決めなければならない。とりあえず、彼は病気の母のもとに留まるとしよう。翌日に、彼は彼自身や他の者たちに対して、なぜ自分は病気の母を選んだような人間なのかを語ることができるだろう、とサルトルは書く。すでに行動してしまった後には、自分のしたことを説明する物語を見つけ出さなければならない。しかしながら、このことは、なぜ彼がそうしたのかを説明することにはならない。むしろ、他のやり方では説明できないような行為について、遡行的に納得させてくれる――満足のゆく物語を創作する――のである。

同じことが、歴史を形づくった重大な、しかし偶発的な出来事についても当てはまる。多くの歴史は、そして一般の人びとが想像するのもまた、それらの偶発性を消し去るだけでなく、歴史的な登場人物の当人たちが決して思いもしなかったであろう意図や意識に起因するものと、暗黙裡に決めつけてしまう。十分に理解できることだが、フランス革命が生じたという歴史的事実は、一八世紀すべてのフランスの歴史を、一七八九年へと必然的に至るものとして、実質的に書き直させたのである。フランス革命は単一の出来事ではなく、一連の過程であった。それは、啓蒙思想家たちが書き散らかした理念に基づくというよりも、天候、凶作、そしてパリとベルサイユの地理学と人口学によって偶発的に生じたものであった。バスチーユ監獄を襲って囚人たちを解放し武器を奪取した者たちは、後に「フランス革命」として知られる出来事に参加しているとか、それが王政と貴族政治を打倒することになるなどとは知りうるはずもなかった(ましてやそれを意図していたわけでもなかった)。

ある重要な歴史の出来事が、ひとたび体系的にまとめられると、それは凝縮された象徴となって流布することになり、もし私たちが十分に注意深くなければ、それが生起した時に経験されたのとはまるで違った誤解を与えるような、偽りの論理と順列を受け入れさせることになる。ル・

シャンボン・シュル・リニョンの町の人たちは、今や道徳のお手本のようにもち上げられており、迫害された者たちを助けるため、ユグノーの宗教倫理に基づいてほとんど一枚岩のようになって行動したかのように見える。しかし、すでに見たように、彼らの勇気はずっと複雑で教育的な源泉から生まれてきたものであった。ロシア革命、アメリカ独立戦争、三十年戦争(五年目の頃に、いったい誰がこの先あと二五年も続くことを知っていただろうか)、一八七一年のパリ・コミューン、アメリカの公民権運動、一九六八年パリ五月革命、ポーランドの「連帯」運動、さらに他の複雑な出来事も皆、同じような条件に左右されている。とことん偶発的であったことは往々にして消し去られ、出来事の参加者の意識は平準化されてしまう。あまりにしばしば、事態のしかるべき展開に関する超人的な知識を押しつけられ、異なった理解や動機のごちゃごちゃ〔したリアリティ〕は沈黙を強いられる。

出来事に関する私たちの理解のために「歴史」がしてくれることは、バスケットボールやアイスホッケーの試合の理解にテレビ放送がしてくれることと似通っている。ちょうどヘリコプターが現場の上をホバリングしているように、試合が行われるコートの外あるいは上にカメラが設置されている。この鳥瞰的な視点で見晴らすことの影響とは、視聴者を行為そのものから遠ざけ、その進行速度をあきらかにスローダウンさせることにある。そのうえさらに、視聴者が決定的なシュートやパスを見逃さないよう、それをゆっくりと映すように実際のスローモーション映像が用いられ、視聴者がその細部の動きを何度も何度も繰り返して見ることを可能にしている。鳥瞰的な見方とスローモーションとが結合されて、選手の動きは視聴者にとって、実際とは異なって容易に把握できるものと誤解され、視聴者はそうした動きを自分自身が完全にマスターしたという錯覚に陥る。あ〜あ、実際のゲームを、ヘリコプターからあるいはスローモーションで見ることができる選手など一人もいないのに。そして、きわめて稀ではあるが、カメラがコートと同じ高さで実際の動きのすぐ近くに置かれた時、選手が経験するようなゲームの目にも留まらぬ速さと複雑さをやっと理解するのだ。そして、つかの間の錯覚は、瞬時に消え失せる。

断章29　歴史の虚偽をめぐる政治学

軍事的な因果関係を見る際の混乱とは、パレードの会場を、生と死とが問題となる戦場と混同することである(レオ・トルストイ)

歴史的な出来事を整理し、単純化し、簡略化するという傾向は、単に人間の自然な性癖とか、学校の歴史教科書が必要としているとかではなく、大きな賭け金がかかった政治的闘争である。

一九一七年のロシア革命は、フランス革命と同様に、その渦中にあっては多くのそして多様な身分の参加者の誰もが結果を知ることのできない一連の過程であった。その過程を詳細に検討した者たちは、いくつかのことに合意をしている。ボルシェビキは、革命の勃発においてほとんど何の役割も果たさなかったと合意している。ハンナ・アーレントが言ったように、「ボルシェビキは権力が街路に転がっているのを見つけて、それを拾い上げただけだった」[4]。一九一七年一〇月下旬の一連の出来事は、まったくの混乱と自然発生的な行為によって特徴づけられた。オーストリア戦線における皇帝の軍隊の崩壊と、それに続いて兵士たちが故郷に急いで戻って田舎の土地の自主的な占拠に加わったことが、地方における皇帝の権力を打破するうえで決定的であったことに、歴史家たちは合意している。モスクワとサンクト・ペテルブルクの労働者階級が、不満を抱いており戦闘的ではあったが、工場を接収しようなどとは思ってもいなかったことにも合意している。そして最後に、革命の前夜においても、ボルシェビキは労働者たちに対してわずかばかりの影響力しかもたず、地方にあっては皆無であったことにも合意している。

しかしボルシェビキが権力を掌握するや、偶発性や、混乱や、自発性、そして他の多くの革命的グループを物語から排除した説明を作り始めたのである。この「まさしく、そうなった」という新しい物語は、前衛党の明察力、強い信念、そして権力を強調した。レーニンの『何を為すべきか』に合わせて、ボルシェビキは自身を、歴史的な結果を生み出した主要な鼓吹者であったと位置づけた。一九一七年から一九二一年の間に統治した際の自分たちの非力さを前提として、ボルシェビキは、人びとが再びその経験を繰り返す決断をしないように、革命を街路から博物館や学校教科書のなかへと閉じ込めることに強い関心をもった。革命の過程は歴史的必然の産物として「自然化」され、「プロレタリアートの独裁」を合法化した。

革命の「公式の物語」は、現実の革命が完了する以前から念入りに作り上げられていった。レーニンの国家(そして革命)の観念が、軍事的な精密さをもって上から操作され、オイルをたっぷり差されてスムースに動く機械のそれと似ているように、その後に続く革命の「再演」も同じ路線で進められた。初期の頃のボルシェビキの文化監督だったルナチャルスキーは、革命を描くために、台本どおりに動く四〇〇〇人の役者(ほとんどが兵士)と、大砲と、川に浮かぶ船と、東に上る赤い太陽(サーチライトで偽装)を擁する巨大な劇場を考案し、三万五〇〇〇人の観客を教導しようとした。公的な劇場、文学、映画、歴史において、ボルシェビキは革命を「パッケージ化」することに並々ならぬ関心を抱き、実際の革命の偶発性、多様性、相反性などをすべて排除しようとした。革命を直接に経験し、その筋書きを自身の経験と比べることができた世代が死んでしまうと、公的な説明が蔓延《はびこ》ることになった。

革命と社会運動は、一般的には、様々な役者たちを多数寄せ集めて作り上げられている。渦中の行為者たちは、怒りや憤りの入り混じったひどくばらばらな目的をもち、自身の身近な世界を超えた状況についてはほとんど知識をもたず、偶然の巡り合わせ(ちょっとした雨降り、ある噂話、一発の銃声)に左右され、——しかし、様々な出来事が奏でる不協和音のベクトル総和が、後に革命と見なされるものの舞台を作るかもしれないのだ。それらは、レーニンの脚本が言うように、決定された目的のために「部隊」を差し向ける首尾一貫した組織の活動などによるものではない。(5)

秩序や規律を目に見える形で表現することは、権威主義的な演出技法の主要な部分である。地

図 6-1　北朝鮮の軍事パレード．Photograph © Reuters

方の飢饉と都市の飢餓、そして中国国境では逃亡者が急増するなか、金正日は、何万人もの参加者を集め、「偉大なる指導者」の指揮棒に合わせて団結した人民が行進する大規模パレードを組織した（図６－１）。

この種の演劇的なこけおどしには長い系譜がある。それは、二〇世紀の初頭に、社会主義者と右翼政党の両方が、権力と規律の誇示として大きな競技場で開催した「マス・エクササイズ」〔マスゲーム〕に見出される。ユニフォーム姿の何千もの体操選手が、ちょうどマーチング・バンドが密集隊形で演奏するように、きっちり正確に連携して動くのは、統一された権力そのものの、そしてもちろん、全体を操るが姿の見えないオーケストラ指揮者によって書かれた脚本による振り付けのイメージを伝えた。

象徴的な秩序の壮観さは、戴冠式やメーデーのパレードなどの公的な式典の時だけでなく、まさしく公共空間の建造物、すなわち広場、彫像、アーチ型の建造物、そして広い道路などのなかにも明明白白に見て取れる。建物そのものが、しばしば、その巨大さと壮麗さとで人びとを威圧するようにデザインされている。それらはしばしば、ある種のシャーマニズムのように機能するようである、すなわち整然とは程遠い現実に対抗するためにバランスを取り戻す錘《おもり》のようなものとして。ブカレストにある国会のチャウシェスク宮殿は、その体制が一九八九年に打倒された時には八五パーセントが完成していたのだが、まさにこのことを証明する一例だ。「立法議会」はオペラ・ハウスに似せており、たくさんの環形のバルコニーと、それらの中央にはチャウシェスクのために水圧式で上下する演壇を備えていた。建物にある六〇〇の時計は、すべて大統領執務室の制御盤で集中管理されていた。

公的な権力の象徴的な作業の大半は、ビリヤードの球のつるつる滑らかな表面のような秩序や熟慮や合理性や統治の裏側で、実際に作動している政治権力の混乱、無規律、衝動、誤謬、その場しのぎなどを、精密に覆い隠すことである。私は、このことを「秩序のミニチュア化〔小型模型化〕」と考えている。それは、玩具の世界に始まり、私たちみなが慣れ親しんでいる。戦争、家族生活、機械、そして大自然などの大きな世界は、子供たちのコントロールを超えて危険な現実である。これらの世界は、おもちゃの兵隊、人形の家、おもちゃの戦車と飛行機、鉄道模型、箱庭などの形でミニチュア化され、飼いならされる。ほとんど同じ論理が、モデル集落、宣伝用プロジェクト、モデルハウス・プロジェクト、モデル集団農場などで作動している。小規模での実験は、失敗に終わっても破滅的にはならず、もちろん、社会的な改変のための賢明な戦略である。

しかしながら、より多くの場合、そうした宣伝用プロジェクトは、文字どおり「見せ物」であり、より実質的な変化の代替物である。それらのプロジェクトは、中央集権化された体制がポチョムキン公的なやり方でうわべだけを飾って†、支配者側(自己催眠?)と大多数の人びとの双方を魅了するのを主目的として、注意深く操作されたミクロな秩序を誇示するのである。これらの小さな「秩序の島々」が増殖すればするほど、それらは、エリートたちのコントロールの及ばぬ非公式の社会秩序を見ることを阻むために建てられたことを、もっと疑うべきである。

歴史の圧縮、すっきりした物語への私たちの欲望、そしてエリートや組織が管理と目標の具体像を投射する必要があるのは、すべて共謀して歴史の因果関係についての偽りのイメージを伝えようとする企みに他ならない。それらは、以下の事実に対して私たちを盲目にしてしまう。すなわち、ほとんどの革命は革命結社の働きによるのではなく、自然発生的で即興的な行為(マルキストの語彙では「冒険主義」)の凝結であること、組織化された社会運動はバラバラの異議申し立てやデモの産物であってその起因ではないこと、人間の自由のための偉大なる解放が獲得されたのは秩序だった制度的な手続きによる結果ではなく、無秩序で、予想できず、自然発生的な行動が社会秩序を下から断裂させていった結果であることを。

† エカチェリーナ二世のウクライナとクリミア訪問の際に、沿道にボール紙で見せかけた村を作らせた。

注

はじめに

（1）きわめて稀にだが、組織が、それぞれの地域における人びとの主導権を尊重したり促進したりしつつ、彼ら同士がある程度自発的に調整して互いに協働するのを手助けすることもある。戒厳令下のポーランドにおける「連帯」や、公民権運動期のアメリカにおける学生非暴力調整委員会は、そうした稀有な例である。両者はともに、抗議活動と闘争の過程で生まれた。

（2）Frances Fox Piven and Richard A. Cloward, *Poor People's Movements: Why They Succeed, How They Fail* (New York: Vintage, 1978).

（3）Milovan Djilas, *The New Class* (New York: Praeger, 1957).

（4）Colin Ward, *Anarchy in Action* (London: Freedom Press, 1988), 14.

（5）Pierre-Joseph Proudhon, *General Idea of the Revolution in the Nineteenth Century*, trans. John Beverly Robinson (London: Freedom Press, 1923), 293-94／ピエール・プルードン「十九世紀における革命の一般理念」渡辺一訳『世界の名著 プルードン・バクーニン・クロポトキン』(中央公論社、一九六七年)二二七頁〔スコットが引用した仏語からの英語翻訳ではいくつか言葉が脱落しているようなので、渡辺による仏語からの日本語翻訳を用いた〕。

（6）John Dunn, "Practising History and Social Science on 'Realist' Assumptions," in *Action and Interpretation: Studies in the Philosophy of the Social Sciences*, ed. C. Hookway and P. Pettit (Cambridge: Cambridge University Press, 1979), 152, 168.

第一章

（1） R. C. Cobb, *The Police and the People: French Popular Protest, 1789–1820* (Oxford: Clarendon Press, 1970), 96–97 を参照。

（2） グラムシは、普通選挙制が労働者階級による統治を実現できなかった理由を説明しようと、「ヘゲモニー」の概念を発展させた。Antonio Gramsci, *The Prison Notebooks of Antonio Gramsci*, ed. and trans. Quentin Hoare and Geoffrey Nowell Smith (London: Lawrence and Wishart, 1971)を参照。

（3） Taylor Branch, *Parting the Waters: America in the King Years, 1954–63* (New York: Simon and Schuster, 1988).

（4） Yan Yunxiang 教授との会話。

（5） Kenneth Boulding, "The Economics of Knowledge and the Knowledge of Economics," *American Economic Review* 58, nos. 1/2 (March 1966): 8.

第二章

（1） E. F. Schumacher, *Small Is Beautiful: Economics As If People Mattered* (New York: Harper, 1989), 117／E・F・シューマッハー『スモール・イズ・ビューティフル――人間中心の経済学』小島慶三・酒井懋訳(講談社学術文庫、一九八六年)一四四頁。

（2） Edgar Anderson, *Plants, Man, and Life* (Boston: Little, Brown, 1952), 140–41.

第三章

（1） Colin Ward, *Anarchy in Action* (London: Freedom Press, 1988), 92. 遊び場の事例はすべて同書の第一〇章の序論(八九―九三頁)からとっている。

（2） Alexis de Tocqueville, *Democracy in America*, trans. George Lawrence (New York: Harper-Collins,

1988), 555.

（3） Stanley Milgram, *Obedience to Authority: An Experimental View* (New York: Harper-Collins, 1974); Philip G. Zimbardo, *The Lucifer Effect: How Good People Turn Evil* (New York: Random House, 2008).

（4） たとえば，以下を参照。http://www.telegraph.co.uk/news/uknews/1533248/Is-this-the-end-of-the-road-for-traffic-lights.html.

第四章

（1） R. H. Tawney, *Religion and the Rise of Capitalism* (Harmondsworth: Penguin, 1969), 28.

（2） Paul Averich, *Kronstadt 1921* (Princeton, NJ: Princeton University Press, 1970), 66.

（3） Vaisberg, speaking in 1929, and quoted in R. W. Davies, *The Socialist Offensive: The Collectivization of Russian Agriculture, 1929–1930* (London: Macmillan, 1980), 175.

（4） A. V. Chayanov, *The Theory of Peasant Economy*, ed. Daniel Thorner, trans. Basile Kerblay and R. E. F. Smith (Homewood, IL: Richard Irwin for the American Economic Association, 1966, originally published in Russian in 1926).

（5） Henry Stephens Randall, "Cultivators," in *The Life of Thomas Jefferson,* vol. 1, 1858, p. 437.

（6） Barrington Moore, Jr., *Injustice: The Social Basis of Obedience* (Armonk, NY: M. E. Sharpe, 1978).

（7） Robert E. Lane, *Political Ideology: Why the American Common Man Believes What He Does* (Glencoe, IL: Free Press, 1962).

（8） Steven H. Hahn, *The Roots of Southern Populism: Yeoman Farmers and the Transformation of the Georgia Upcountry* (Oxford: Oxford University Press, 1984).

（9） たとえば，以下を参照。Alf Ludke, "Organizational Order or Eigensinn? Workers' Privacy and Workers' Politics," in *Rites of Power, Symbolism, Ritual and Politics since the Middle Ages,* ed. Sean

Wilentz (Philadelphia: University of Pennsylvania Press, 1985), 312–44; Miklos Haraszti, *Worker in a Worker's State* (Harmondsworth: Penguin, 1977); and Ben Hamper, *Rivet Head: Tales from the Assembly Line* (Boston: Little, Brown, 1991).

(10) M. J. Watts and P. Little, *Globalizing Agro-Food* (London: Routledge, 1997).

(11) たとえば、大規模な官僚的組織においてさえ、行動の鍵は「各自が自身の自律性を主張し、あらゆる依存的関係を拒絶することである」とのマイケル・クロージャーによる断言を参照。Michel Crozier, *The Bureaucratic Phenomenon* (Chicago: University of Chicago Press, 1964), 290.

(12) Barrington Moore, *The Social Origins of Dictatorship and Democracy* (Boston: Beacon Press, 1966)／バリントン・ムーアJr.『独裁と民主政治の社会的起源――近代世界形成過程における領主と農民(I・II)』宮崎隆次・森山茂徳・高橋直樹訳(岩波書店、一九八七年)。また、E. P. Thompson's magnificent *The Making of the English Working Class* (New York: Vintage, 1966)／エドワード・P・トムスン『イングランド労働者階級の形成』市橋秀夫・芳賀健一訳(青弓社、二〇〇三年)を参照。

(13) 注目すべきプチ・ブルジョアジーの社会的貢献は、政治的スペクトラムにおける当人の位置取りがどこにあるにせよ、他にいくつもある。歴史的に見て、小規模の商売と生産とが市場統合の主たる推進力であった。もしどこかに商品やサービスが足りなくてそれゆえハイリターンが期待できるようなところがあれば、いつもプチ・ブルジョアジーはそれを必要とするところに動かす術を見つけ出すのである。ミルトン・フリードマンや市場原理主義の連中にとっては、プチ・ブルジョアジーが「神の手」の働きをしている。彼らは、ほとんど完全競争の状況で営業をしている。すなわち、需要と供給に応える細かな動きの機敏さと素早さは、新古典派経済学における完全競争のユートピア像に近いものだ。彼らの利益率は薄く、しばしば失敗をするが、しかし彼らの集合的な行動は、パレート最適の結果を導くことに寄与している。プチ・ブルジョアジーは、一般に、この理想にかなり近いのである。彼らは、必要とされる商品やサービスを、でかくて動きの遅い企業が敵わない敏活さで、しかも互いに競争して安値で提供するのである。

（14） 私がここで「大体において」というのは、世紀の中盤においては、ＡＴ＆Ｔ(Bell Labs)や、デュポン、ＩＢＭなどの大企業において研究文化があり、発明に対して大企業が必ずしも本来的に敵対的であるとは限らなかったからである。

（15） Jane Jacobs, *The Death and Life of Great American Cities* (New york: Vintage, 1961).

第五章

（1） "Atlanta's Testing Scandal Adds Fuel to U.S. Debate," *Atlanta Journal Constitution*, July 13, 2011.

（2） C. A. E. Goodhart, "Monetary Relationships: A View from Threadneedle Street," *Papers in Monetary Economics* (Reserve Bank of Australia, 1975).

（3） Theodore Porter, *Trust in Numbers: The Pursuit of Objectivity in Science and Public Life* (Princeton, NJ: Princeton University Press, 1995), 43.

（4） Lorraine Daston, "Objectivity and the Escape from Perspective," *Social Studies of Science* 22 (1992): 597–618.

（5） 「業績主義」という用語は、一九四〇年代末に、マイケル・ヤングというイギリス人作家が、*The Rise of the Meritocracy, 1870–2033: An Essay on Education and Inequality* (London: Thames & Hudson, 1958)というディストピア小説の中で初めて生み出したものである。この小説は、知能指数によってエリートが選ばれることで生じる労働者階級の不利益を描いた。

（6） Porter, *Trust in Numbers*, 194.

（7） 透明性、客観性、民主的な統制、平等的な社会的帰結を模索する正当な数量化と、やみくもにどこにでも広がっていき、公共政策の適切な方向性をめぐる政治的な討論を追いやって圧殺してしまう数量化のどこに境界線を引けるだろうか。

確かに、すべての監査方法の公的な利用が、誤っていて馬鹿げたものだと結論づけることはできない。むしろ私たちは、数量の賢明な使い方と危険な使い方を区別する方途を見つけ出すべきだ。監査や量的指標に出くわした時、いくつかの問いを自分自身に投げかけてみるべきだろう。私は、構成概念が妥当で信頼できるか、「反政治マシーン」の危険性はないか、植民地化やしっぺ返しの危険はないか、という先の議論で提示した論点に関わる問いを提案したい。私たちは市民として、次のように自分自身に問いかけてみるべきだ。

a　提示された数量的な指標と、それが測定しているとされる構成概念——世界にあるもの——との関係は、どうなっているのだろうか？(たとえば、大学進学適性試験は、生徒の学力を、より包括的に言えば彼らが大学進学に値するのかどうかを、正確に測定しているのだろうか？)

b　数量化の装いのもとで、政治的な問いが隠されたり、回避されていないだろうか？(たとえば、村落評価システムと死者数の算出法は、そもそもベトナム戦争が賢明だったのか、あるいは本当に勝ち目のあるものだったのかをめぐって、アメリカ人が議論するのを混乱させて妨げなかっただろうか？)

c　誤報告やフィードバック効果があったり、他の重要な目的を損なったりするように、指標が行動を植民地化したり、ひっくり返す危険性はないだろうか？(アメリカの大学における社会科学引用指数の偏重は、劣悪な論文の出版や「相互引用の仲間集団」を助長するのではないだろうか？)

要するに、私は、学術の世界でも政治の世界でも、数量化の方法を攻撃すべきと提案しているわけではない。しかし私たちは、数量を脱魔術化・非神聖化して、数量は私たちの問いに必ずしも答えられるわけではない、と主張する差し迫った必要がある。また私たちは、希少な資源の配分をめぐる討議が政治的であることをあるがままに捉え、それを非政治的で技術的な決定と区別して認識すべきだ。ある特定の文脈における数量化の利用は、政治的討議を促進しそうなのか、それとも阻害しそうなのか、そして、それは私たちの政治的な目的を達成しそうなのか、それとも損ないそうなのかを、まずもって自分に問いかけることから始めなくてはならない。

第六章

(1) François Rochat and Andre Modigliani, "The Ordinary Quality of Resistance: From Milgram's Laboratory to the Village of Le Chambon," *Journal of Social Issues* 51, no. 3 (1995): 195-210.

(2) ワシントンDCのホロコースト博物館では、個別性の力を認識し、すべての参観者に一人のユダヤ人の写真が載った一枚のカードを渡し、その人の運命について参観の最後に分かるようにしている。

(3) これらの銘板のほとんどは、国家のイニシアチブによるものではなく、ナチズムのローカル・ヒストリーを集合的歴史記憶のなかに跡づけることの重要性を主張したドイツ市民のいくつかの小さなグループによって作られた。それらは全体としてはミュンスター市の展示よりも心動かされるわけではないが、アメリカ合衆国において「奴隷の競り市がここで行われた」とか、「ウンデッド・ニー」と「涙の道」を忘れるな」とか、「ここで悪名高いタスキーギの実験が行われた」などの歴史を想起させる銘板を見ても空虚に感じてしまうのと比べれば、ずっとましである。

(4) Hannah Arendt, *On Revolution* (New York: Viking, 1965), 122.

(5) この点に関して、レーニンの叙述は複雑であり、時に衝動的であることを賞賛しているが、しかし全般的に、彼は「大衆」を握りこぶしのような生の力、そして前衛党を「頭脳」あるいは、大衆の力を最も有利な状況を作り出すために動員する参謀幕僚と見なしていた。

訳者あとがき・解題

清水　展

本書は、James C. Scott, *Two Cheers for Anarchism: Six Easy Pieces on Autonomy, Dignity, and Meaningful Work and Play*, Princeton University Press, 2012 の全訳です。直訳すれば、『アナキズムに万歳二唱――自律、尊厳、そして意味ある仕事と遊び』となります。邦訳のタイトルを変えたのは、「アナキズムに万歳」という言葉が強すぎて誤解を招きかねないという懸念からです。本書に込められた著者の意図――一人ひとりのさりげない日常生活の行動のなかに、アナキストが希求する権力による監視と抑圧を弱く(無く?)し、個々人の自主・自律性を発揮してより望ましい社会を作ってゆく可能性があることを示す――を汲み、『実践　日々のアナキズム――世界に抗う土着の秩序の作り方』というタイトルにしました。スコットが万歳を二唱するのは「プロセス重視」のアナキズムであり、「実践としてのアナキズムとでもいえるようなものを提示する」ことが本書の目的であると明言もしています(本書 ix 頁)。

原著タイトルが意味するのは、アナキズムに手放しで万歳三唱することはできないけれど、それでも二唱はしたいという著者の思い入れと強い信念です。アナキズムというキーワード（マジック・ワード?）は前著のタイトルにも使われていて、著者の思いの深さをうかがい知ることができます。邦訳の書名は『ゾミア――脱国家の世界史』（原著二〇〇九年）ですが、原題を直訳すると『支配を免れる技法――東南アジア山地に関するアナキスト的な歴史』（*The Art of Not Being Governed: An Anarchist History of Upland Southeast Asia*）になります。

＊　＊　＊

今どきアナキズムなどを唱えると、ほとんどの読者は、なんだか時代錯誤だという違和感をもたれるかもしれません。アナキズムに関しては、多くの思想家や活動家たちが各々の時代状況のなかで違ったイメージを抱き、それを実現するために異なる構想を提示してきました。日本では、ほぼ無政府主義と同義であるような理解が主流となってきました。大逆事件で処刑された幸徳秋水（一九一一年）や、関東大震災の混乱のなかで憲兵大尉の甘粕正彦によって殺害された大杉栄（一九二三年）などを思い浮かべるかもしれません。

しかし、日本の「国民的」な知識人であり続けている柳田国男が、実は、若い時期に、アナキストたるクロポトキンから決定的な影響を受けていたと主張する研究がつい最近出版されました。絓秀実・木藤亮太『アナキスト民俗学――尊皇の官僚・柳田国男』です。著者によれば、農政官僚であり、いまだ文学者でもあり、民俗学的な仕事も開始しつつあった二〇世紀初頭の柳田にとって、もっとも重要な参照先が、クロポトキンでした。アナキストとして知られるクロポトキンこそが、柳田の「文学、農政学、民俗学をつなぐミッシングリンク」(九三頁)であると強調しています。

また、『想像の共同体』(原著一九八三年)でナショナリズムの起源と流行を論じたベネディクト・アンダーソンが、その二〇年後の二〇〇五年に『三つの旗のもとに――アナーキズムと反植民地主義的想像力』を出版し、フィリピンのアナキズムについて考察しています。一九世紀の終盤にフィリピンで花開いたナショナリズムの思潮と運動は、フィリピン革命(一八九六年)を導き、アメリカの介入によって短命に終わったもののスペインからの独立を達成しました。アンダーソンは同書で、そのナショナリズムは、反植民地主義という形態をとったが、実は反権力の思想と運動を内包するアナキズムとの関係のなかから想像され、創造されたことを明らかにしました(『三つの旗のもとに』三二五頁)。

柳田やアンダーソンを虎の威として引き合いに出さなくても、今でもアナキズムの日常的実践が可能であり各所で試行されていることについては、松本哉の『世界マヌケ反乱の手引書』が面白おかしく紹介しています。肩肘はらずに読める抱腹絶倒の書であり、アナキズムの真面目な志をフマジメに楽しく実践することを、われわれに誘いかけています。またデヴィッド・グレーバーの挑発的な名著『アナーキスト人類学のための断章』も、二〇一一年の「ウォール街を占拠せよ」の運動を契機に再び脚光を浴びています。

＊＊＊

残念ながら、ここでアナキズムの定義と可能性をめぐる議論に深入りする余裕はありません。大事なのは、スコットが万歳を二唱するアナキズムが無政府主義とは異なることです。国家が絶対悪であるとか、国家は無用で打倒や廃棄すべきなどとは言いません。むしろ少数者の権利を守るために善をなすことも本書の「はじめに」で記しています。アーカンソー州のリトルロック・セントラル高校で、白人と黒人の分離教育を廃止し一九五七年から融合教育を実施するに際して、黒人生徒たちを反対派の白人デモ隊から守るために、連邦軍に編入した州兵を派遣した事件です。つまり、「国家が状況次第では解放的な役割を果たしうる」(本書xi頁)ことを評価しています。

スコットが徹底的に反対し批判するのは、中央集権化された権力によるトップダウンの開発や近代化プロジェクトです。それについては、*Seeing Like a State: How Certain Schemes to Improve the Human Condition Have Failed*(『国家のように見てみる——人間の境遇を改善しようとする計画がなぜ失敗してきたのか』一九九八年、未邦訳)で、中国の毛沢東による大躍進政策や、ソ連の集団農場、タンザニアやエチオピアの開発村プロジェクト、ブラジリアの近代都市建設などを事例として詳細に説得的に分析しています。逆に、より良い未来のために期待するのは、階層秩序や国家支配に対抗するボトムアップによるゆるやかな協力関係(に支えられた柔らかな共同性)の形成とその維持存続です。そこでは、個人の自由と自主・自律、そして協力と連帯、相互扶助などの原理と道徳がきわめて重要な働きをしています。

スコットにとってアナキズムとは、上からの管理と支配、近代化プロジェクトの強要に対抗したり、これを上手く回避したりする、市井の人々の日常的な行動や不服従、面従腹背、そして相互性と協調・協力などのさりげない実践の総称なのです。自由と自主・自律を求めるアナキズムは、表面的にはリバタリアニズムと似通っており、新自由主義経済とも親和性がありそうに見えます。しかし、スコットはその両者に強く反対していることに留意が必要です。レッセ・フェールの自由放任では富者・強者の力に歯止めがかからず、貧富の格差と不平等をいっそう拡大させてしまうからです。相対的な平等と公正さを担保するためには、「私たちはリヴァイアサン〔国家〕から逃れることができない。課題はそれを飼いならすことだ」(本書・xiv頁)というのが、スコットの問題意識であり、本書の主題です。残念ながら、資本主義の生み出す巨大な不平等を是正する力を持ちそうなのは、現時点では国家以外になかなか見当たりません。その含意を込めて邦題を選びました。

ジェームズ・C. スコット教授(第21回福岡アジア文化賞・学術研究賞受賞記念市民フォーラムにて, 2010年9月17日)

このようなスコットのアナキスト的な行動に対する期待は、既存の制度・政治を脅かす民衆の自生的な抵抗や反発・反乱がもたらす混乱や動揺がエリート支配層の危機感を煽り、妥協を導き、既存の自由民主主義をさらに深化させてゆくという弁証法的な考え方に基づいています。しかし、先取りして懸念を言えば、現代においては、既存の制度や秩序に対する民衆の不満の高まりが、煽情的なリーダーを生み出しかねない危険があるのも確かです。キング牧師はカリスマ的な指導者として民主的な改革を導きましたが、同じくカリスマ的な指導者であるヒットラーの場合には破滅的な戦争へと至りました。民衆の自由を求める自主・自律の身の処し方を、平等で自由な民主主義の社会づくりへといかに結びつけてゆけばよいのでしょうか？

ここで関連して思い起こされるのは、柄谷行人の近年の論考（『世界共和国へ——資本＝ネーション＝国家を超えて』『世界史の構造』）でしょう。彼によれば、現在の先進資本主義国では、「資本＝ネーション＝ステート」という三位一体のシステムが作動しており、それを超える世界システムを新たに形成するために必要なのは、軍事力ではなく、贈与の力なのだと力説します。その力を発揮することによって、「国家を拒否する社会主義（アソシエーショニズム）」を実現する方途が開かれてきます。プルードンに言及しながら、「マルクスにとって、社会主義とは協同組合的なアソシエーションにほかならない」（『世界史の構造』三七一頁）とも断言しています。マルクスの読解と私たちが目指す社会の指針がこれで正しいかどうかは議論の余地があるでしょう。だからこそプロセスとしての議論、すなわち熟議が必要となります。本書がそのための一助になることを期待しています。

＊　＊　＊

中央集権的な組織化と秩序の作り方を批判する本書は、全体の構成と章立てをあえて厳格な論理でかっちりと組み立てようとしていません。スコットが試みているのは、論理的な分析や説得というよりは、読者の皆さんに問題を投げかけ、違ったように世界を眺めること、そしてそのことによって今より少しばかりはマシな世界を作っていきましょう、という誘惑です。それと関係して面白いのは、六章から成る本書が、各章をツリー状の下位秩序である節に分けて構成せず、二九の断章として併置し叙述していることです。パーツをしっかりと組み合わせて全体を作り上げることをせず、各断章がおのおの自立＝自律しつつ、各章の表面的な分断をまたいで緩やかにつながっているスタイルです。その理由のひとつは、自身が明言しているように、スコットがアナキズムに関して「包括的なアナキストの世界観と哲学」および内的に一貫した議論をもっていないことであり、もうひとつは、学術論文の生硬な文体を避け、会話のように始まる、もっと直感的で自由な著述の仕方を試みるためでした。

またスコットの今までの著作に親しんできた者は、以前に紹介された印象的な事例やエピソードのいくつもが再び紹介されていることに気づき、懐かしい思いを抱くことでしょう。本書は小品ですが、今までのスコットの著作のエッセンスを凝縮して分かりやすく紹介するといった側面もあります。たとえば、断章２「不服従の重要性について」で紹介されている何百万ものサンゴのポリープの比喩は、私の大好きな著書 *Weapons of the Weak: Everyday Forms of Peasant Resistance*(『弱者の武器――農民反乱の日常的形態』一九八五年、未邦訳)の序論でも印象的に紹介されています。同書では、微小なサンゴ・ポリープが計画をもたぬままに作り上げたサンゴ礁が、経済的、政治的な防波堤となって、農民たちの既得権を守るだけでなく、さらには大きな動きを結果として引き起こすこともある点に注意を喚起しています。本書との関連では、それに続く後段が重要ですからその部分を抜粋します。

この比喩を続ければ、国家という船がそうしたサンゴ礁で座礁したときはいつでも、船の座礁という事態に注意が向けられ、それを引き起こした数々の小さな行為の膨大な集成体に関心が払われることはない。この理由だけでも、農民たちの行動の、こうした静かで匿名の逆巻くうねりを理解することは重要と思われる(同書xvii頁)。

この観点は、スコットの最新刊である本書を理解する一助となるとともに、そもそも政治学者のスコットがなぜ東南アジアの農民の日常生活、倫理・道徳・世界観に関心をもち、実際に西マレーシア・ケダ州の稲作農村セダカ村で二年にわたる長期のフィールド・ワーク(一九七八―八〇年)を行ったのかということにも関わる、研究者としての基本姿勢と不可分のものです。

一九七〇年代後半は、ベトナム戦争が終わり(一九七五年)、ポルポト政権下のカンボジア内戦をめぐり中国が社会主義の友好国であったベトナムに「懲罰出兵」(一九七九年)し、中越戦争が続きました(—一九八九年)。そのような冷戦状況の下、米ソの代理戦争となったベトナム戦争の頃の東南アジアの状況に関して、アメリカ社会科学のメインストリームが必ずしも正確な現状認識をもっていたわけではなく、とりわけ農村の実態と農民の心と考え方について深い理解をしていたわけではありませんでした。ならばと、実態調査にスコットは出かけ、その成果を『弱者の武器』として出版したわけです。

その調査の前史には、いわゆるスコットvsポプキン論争がありました。スコットが『モーラル・エコノミー』(原著一九七六年)で、「生存維持を志向する農民が平均所得を極大化するために危険を冒すよりも、経済的災難を避ける方を選好するという事実は、搾取問題に関して大きな含意をもっている」と主張したのに対して、サミュエル・ポプキンが、*The Rational Peasant*(『合理的な農民』一九七九年、未邦訳)で、農民は利益を求めて合理的に行動をしており、利益を最大化するためにはあえてリスクある投資も選択すると主張しました。スコットは、農民が合理的でないなどとは言っておらず、「災厄の確率を最小化することを選好するから、……生存維持のための安定と保障とがもっとも重要であり」、その限りでは、きわめて合理的に行動していると主張しています。

二人のあいだで直接の論争があったわけではないのですが、ポプキンのスコット批判に刺激された政治学者、歴史学者、農業経済学・農村社会学者、文化人類学者たちのあいだでさまざまな議論が交わされました。欧米だけでなく、日本でも何人もが論文を発表し、議論が交わされました。私が助手をしていた東京大学東洋文化研究所でも、原洋之介先生や加納啓良先生としばしばお酒を飲みながら議論し(もっぱら私は聞き手でしたが)、多くを教えてもらいました。ポプキンによって引き起こされた活発な議論をふまえたうえで、それらに対する応答としてスコットが世に問うたのが『弱者の武器』でした。人類学者として同書を読了した私は、フィールド・ワークに基づく厚い記述による民族誌的な豊かさと理論的な考察の質の高さに魅了され圧倒されました。

そして歴史への強い関心と深い理解をもつ政治学者が、これだけの綿密な現地調査をして理論的な分析へと直につながる民族誌を作成するのだから、そうした政治学を「競合他社」とする人類学はどこで差異化を図り活路を見いだせるのだろうか、という不安と危機感を抱きました。地道な調査もさることながら、その資料に基づいて、ヘゲモニーと虚偽意識に関するマルクス主義の理論、とりわけグラムシのそれを痛烈に批判する議論(同書第八章「ヘゲモニーと意識――理念闘争の日常的な諸形態」)の明晰さに完全に説得され脱帽しました。できれば同書を翻訳したかったのですが、力量が及ばず、またチャンスもなく、今回、小品ながらスコットの真骨頂が凝縮されている本書の翻訳にチャレンジした次第です。

＊＊＊

ここからは、個人的な思い出とスコット先生へのオマージュになることをお許しください。一九八二年九月に国立民族学博物館の谷口シンポジウム「東南アジア農民の歴史と歴史意識」(History and Peasant Consciousness in South East Asia, *Senri Ethnological Studies*, No. 13, 1984)でご一緒したとき、スコット先生はポプキンの立論について、アメリカ政治学で主流となっている合理的選択理論で分析できるところを東南アジアに適応しているだけ、という趣旨の評価を個人的に話してくれました。また、『弱者の武器』というタイトルは、当初は *Losing Ground*(『地歩を失う』)を考えていたが、すでに同名の本が出版されていたために次善の案として浮上したとのことでした。私自身は文化人類学を専攻(選好?)していますから、普遍的で無敵のように見える合理的選択理論を異文化へ適用して分かった気になるよりも、異文化を学び・他者を理解するという迂回路を経ることによって自文化を相対化し、批判的に理解しなおすことに魅力を感じていました。そして自他の差異を超えて通底する共通性や相同性に基づく、人間と社会の新たな理解と人類社会の未来の再想像=創造への人類学からの貢献を夢見ていました。ジョン・レノンが「イマジン」(一九七一年)で歌う世界です。

私が一九七〇年代に学部・大学院で文化人類学を学んでいた頃、必読の民族誌がマリノフスキーの『西太平洋の遠洋航海者』であり、エヴァンズ=プリチャードの「ヌアー三部作」(とりわけ『ヌアー族』)でした。どちらも国家なき社会が、血縁関係と贈与のシステムによっていかに伸縮自在で柔軟な集団編成を一時的に作り、緩め、生成変化しながらダイナミックに維持しているかを具体的に、詳細に考察していました。増田義郎先生のゼミでは、国家なき社会と国家の出現に関する諸事例について文献で勉強しました。無頭社会(acephalous society)、すなわち近代的な意味での政治的権力者や権力装置・制度がない社会、というキーワードをそのときに知り、とても魅力的に思いました。さらにヴィクター・ターナーの「コミュニタス」の概念が一九八〇年代の日本でも大きな影響力をもったのは、アナキズムと親和性のある自由・自主・自律と解放とが両立して現出しうる可能性を論じたからでした。同級生の渡辺公三さんは一九八七年にピエール・クラストルの『国家に抗する社会』を翻訳して出版しました。

スコット先生のお仕事の内実と問題意識、発想、思考の展開の仕方は人類学者に近く、実際にイェール大学では政治学と人類学の教授を兼務し、また農村研究所の所長を長く務めています。二〇〇五年には全米で最大規模のアメリカ人類学会の学会誌が、「モーラル・エコノミー、国家の空間、文字通りの暴力――ジェームズ・スコットの仕事への人類学的コミット」と題する特集号を組み(*American Anthropologist*, Vol. 107, Issue 3)、『モーラル・エコノミー』から『国家のように見てみる』までの彼の著作に関して七人の人類学者が論考を載せています。

今でもはっきりと思い浮かぶのですが、私が一九八四年にイェール大学でのブラウン・バッグ・レクチャー(昼食研究会)に招かれた際、アムトラックのニュー・ヘブン駅に迎えに来てくれた先生のピックアップ・トラックの荷台には干し草が積まれたままでした。その時、先生の指が野良仕事で鍛えられてゴツい感じであることに気づきました。ご自宅に一泊した際には、ご自身が農場で世話をする羊の毛を使ったという自家製の毛布を使わせてくれました。翌朝の六時前には起き出して、農場で数頭の羊や牛と二〇羽ばかりの鶏の世話をして、それから朝食となりました。農民の心性をより深く理解するために、その生活環境の近くに身を置き、みずから農場暮らしをしているとのこと。ご自宅での生活ぶりと雰囲気は、明晰な頭脳の政治学者というよりも、まずは身体を動かし、額に汗して働く農民という風情でした。

＊＊＊

最後になりましたが、共訳者への謝意を表させてください。翻訳をお引き受けする際に私ひとりでは手に負えない、政治学者の助けが不可欠と思いました。まず、名古屋大学の日下渉准教授に、次いで京都大学の中溝和弥教授にお願いしました。お二人は政治学者でありながら、それぞれフィリピンとインドで長期のフィールド・ワークを行っています。政治学者＝人類学者のスコット先生と同じような問題関心とアプローチをご自身で実行しており、本書の翻訳者として余人をもって代えがたい適任者です。各自が分担した章の下訳原稿(日下：はじめに、一、二、五章、中溝：三章、清水：四、六章)を事前に準備し、二、三週間に一度必ず三人で集まりました。担当者は下訳を声に出して読み上げ、他の二人は下訳原稿を目で追いながら、疑問がある箇所は立ち止まってテキストと逐一確認し合いました。

毎回三、四時間の集中的な議論を行いますので、一回で一〇ページ弱しか進めず、結局は二年がかりで合計一四、五回の会合をもちました。しばしば関心のある大学院生も参加しました。最終的に完成した原稿を、あらためて三人で通読して疑義を質しました。それらの会合は、テキストの詳細な読解であるとともに、そこからどのような世界が開示されるかについてのブレインストーミングの場ともなり、その後のつましい宴会での楽しい議論に続いてゆきました。このあとがきも、清水の草稿に日下・中溝両氏が助言・提言をしてくれて改訂したものです。学生時代の初心にもどったような気分でテキストと格闘する苦痛と楽しみを与えてくれた本書とスコット先生に、感謝しています。

また、英語の読解と翻訳に関する貴重な助言と、アメリカ事情の説明をしてくださった今村真央・山形大学人文学部准教授と、お連れ合いの Jackie Foley Imamura さんに心からお礼を申し上げます。

最後に大事な一言を。編集担当の吉田浩一さんには丁寧に草稿を読んでいただき、分かりやすい訳文とするために具体的な提案を幾つもいただきました。心からお礼を申し上げます。

参考文献（［　］内は原著刊行年）

アンダーソン、ベネディクト『想像の共同体――ナショナリズムの起源と流行』白石隆・白石さや訳、リブロポート、一九八七［一九八三］年。
――『三つの旗のもとに――アナーキズムと反植民地主義的想像力』山本信人訳、NTT出版、二〇一二［二〇〇五］年。
エヴァンズ＝プリチャード『ヌアー族――ナイル系一民族の生業形態と政治制度の調査記録』向井元子

訳、岩波書店、一九七八[一九四〇]年。

柄谷行人『世界共和国へ――資本＝ネーション＝国家を超えて』岩波新書、二〇〇六年。

――『世界史の構造』岩波書店、二〇一〇年。

クラストル、ピエール『国家に抗する社会――政治人類学研究』渡辺公三訳、風の薔薇、一九八七[一九七四]年。

グレーバー、デヴィッド『アナーキスト人類学のための断章』高祖岩三郎訳、以文社、二〇〇六[二〇〇四]年。

絓秀実・木藤亮太『アナキスト民俗学――尊皇の官僚・柳田国男』筑摩選書、二〇一七年。

スコット、ジェームズ・C『モーラル・エコノミー――東南アジアの農民叛乱と生存維持』高橋彰訳、勁草書房、一九九九[一九七六]年。

――『ゾミア――脱国家の世界史』佐藤仁監訳、みすず書房、二〇一三[二〇〇九]年。

ターナー、ヴィクター『象徴と社会』梶原景昭訳、紀伊国屋書店、一九八一[一九七四]年。

松本哉『世界マヌケ反乱の手引書――ふざけた場所の作り方』筑摩書房、二〇一六年。

マリノフスキー、ブロニスラウ『世界の名著59(西太平洋の遠洋航海者)』寺田和夫・増田義郎訳、中央公論社、一九六七[一九二二]年。

Popkin, Samuel L., *The Rational Peasant: The Political Economy of Rural Society in Vietnam*, University of California Press, 1979.

Scott, James C., *Weapons of the Weak: Everyday Forms of Peasant Resistance*, Yale University Press, 1985.

――, *Seeing Like a State: How Certain Schemes to Improve the Human Condition Have Failed*, Yale University Press, 1998.

Sivaramakrishnan, K., "Introduction to 'Moral Economies, State Spaces, and Categorical Violence'," *American Anthropologist*, Vol. 107, Issue 3, 2005.

索　引

• 複数の表記が存在する語句については，他の表記を[　]に掲げた．
• 章題・断章題に含む語句については，該当章(断章)全体の頁を記した．

サ行

マ行

ラ行

ジェームズ・C. スコット(James C. Scott)
1936年生まれ．イェール大学政治学部・人類学部教授．邦訳著書『モーラル・エコノミー——東南アジアの農民叛乱と生存維持』(勁草書房)，『ゾミア——脱国家の世界史』(みすず書房)．

清 水　展
1951年生まれ．京都大学名誉教授．文化人類学，東南アジア研究．著書『草の根グローバリゼーション——世界遺産棚田村の文化実践と生活戦略』(京都大学学術出版会)，『噴火のこだま——ピナトゥボ・アエタの被災と新生をめぐる文化・開発・NGO』(九州大学出版会)など．

日 下　渉
1977年生まれ．東京外国語大学大学院総合国際学研究科教授．政治学・フィリピン地域研究．著書『反市民の政治学——フィリピンの民主主義と道徳』(法政大学出版局)など．

中溝和弥
1970年生まれ．京都大学大学院アジア・アフリカ地域研究研究科教授．政治学・南アジア地域研究．著書『インド 暴力と民主主義——一党優位支配の崩壊とアイデンティティの政治』(東京大学出版会)など．

実践 日々のアナキズム
——世界に抗う土着の秩序の作り方
ジェームズ・C. スコット

2017年 9月28日　第1刷発行
2024年 7月16日　第8刷発行

訳 者　清《し》水《みず》 展《ひろむ》　日下《くさか》 渉《わたる》　中溝和弥《なかみぞかずや》

発行者　坂本政謙

発行所　株式会社 岩波書店
〒101-8002 東京都千代田区一ツ橋 2-5-5
電話案内 03-5210-4000
https://www.iwanami.co.jp/

印刷・三秀舎　製本・牧製本

ISBN 978-4-00-022096-5　　Printed in Japan